SPORT
VERLAG

B. Michael Andressen

MÄNNER *FIT AB 40*

Sportverlag Berlin

Die Deutsche Bibliothek – CIP-Einheitsaufnahme
Andressen, B. Michael
Männer, fit ab 40 / B. Michael Andressen. – 1. Aufl. – Berlin :
Sportverl., 1992
ISBN 3 328-00566-8

ISBN 3-328-00566-8

Erste Auflage
Illustrationen: Hans Schmid, München
Fotos: Azzaro, Braun, Carl Zeiss, Gilette, Juvena, Kettler, Marbert, Menrad Gruppe, Rodenstock
Einbandgestaltung: Theodor Bayer-Eynck

Printed in Germany
Satz: Rudolph Benens & Co., Berlin
Druck und Binden: Graphischer Großbetrieb Pößneck GmbH
Ein Mohndruck-Betrieb

Inhalt

Für meine Mutter, Peter und Alfred

Ich danke Frau Dr. med. Susanne Ziffer für ihre freundschaftliche Unterstützung und fachliche Beratung.

Ebenfalls Rat und Hilfe gewährten mir meine Fitneßtrainerin Frau Renate Brey, Herr Manfred Wohlschläger, Optiker, Herr Johannes Wunderle, Arzt sowie das Kuratorium Gutes Sehen, die Deutsche Krebshilfe und die Deutsche Herzstiftung.

Mann, vierzig ist absolut kein Alter!

Dieses Buch ist nur für Männer – und zwar für Männer um vierzig, die fit werden, respektive bleiben wollen.

Bitte halten Sie diese Einleitung nicht für überflüssig! Sie dient zum Verständnis der Lektüre.

Stellen Sie sich einmal folgende Situation vor: Ein Mann mittleren Alters, ständig mit Gewichtsproblemen kämpfend, outed sich eines schönen Tages als das, was er tatsächlich ist: vierzig Jahre alt, nicht sehr groß, breithüftig, spitzbäuchig, schlaff, energielos, unsportlich und, was jede Art von Bewegung anbelangt, ausgesprochen faul.

Sie erkennen sich in einigen Punkten wieder? In allen? Dabei wollte ich Ihnen nur ein Bild von mir geben – bevor ich dieses Buch geschrieben habe.

Natürlich habe ich mich in den letzten Monaten nicht zum Adonis gewandelt, aber ich habe es geschafft, meinem Körper wieder eine gewisse Form zu geben, mein angeschlagenes Selbstwertgefühl wiederherzustellen und meine gänzlich abhanden gekommene Kondition wieder aufzubauen. Und genau das ist doch auch Ihr Ziel, oder?

Bevor wir jedoch zur Sache kommen, möchte ich noch einige Überlegungen zum sogenannten neuen Mann anstellen. Wobei ich gleich

feststellen möchte, daß es mir in diesem Buch nicht um den Begriff „neu" geht, sondern um den Mann per se.
In den letzten Jahren sind verschiedene Veröffentlichungen zu diesem Thema erschienen, doch die Quintessenz der „gesammelten" Männerliteratur ist immer die gleiche: Der Mann hat zu lange ein eindimensionales und unflexibles Leben geführt! Diese Aussage impliziert, daß wir Männer eigentlich ziemlich naiv sein müssen, wenn wir uns bisher tatsächlich sovielen Beschränkungen unterworfen haben, daß wir am Schluß nur noch wie das Abbild personifizierter Superlative dastehen – und, obendrein noch dem traditionellen Rollenverständnis entsprechend, entweder als Softie oder als Macho klassifiziert werden. Dazwischen gibt es nichts oder zumindestens nichts Erwähnenswertes. Daß wir Männer aber auch nur Menschen sind, die nach biologischen Regeln funktionieren verdrängen wir – zugegebenermaßen nicht immer ganz freiwillig – und leben statt dessen dem „Zeitgeist" gemäß geradezu selbstzerstörerisch. Der amerikanische Psychologe und Psychoanalytiker Dr. Herb Goldberg hat den maskulinen Imperativ, der unser ganzes Leben bestimmt, folgendermaßen formuliert:

1. **je weniger Schlaf ich brauche,**
2. **je mehr Schmerzen ich aushalten kann,**
3. **je mehr Alkohol ich vertrage,**
4. **je weniger ich mich um meine Ernährung kümmere,**
5. **je weniger ich andere um Hilfe bitte oder sie brauche,**
6. **je mehr ich meine Gefühle unter Kontrolle halte und verdränge,**
7. **je weniger ich mich um meinen Körper kümmere, desto männlicher bin ich.**

Wenn Sie auch nur mit einem dieser Punkte übereinstimmen, ist diese Lektüre geradezu zwingend für Sie. Sie haben in diesem Fall nämlich mindestens zwanzig Jahre Raubbau mit Ihrem Körper getrieben – selbstverständlich in der Annahme, Männer müßten so sein. Es scheint folglich, daß wir Männer unsere Emotionalität und unseren Körper einfach wegrationalisiert haben.

Diese kollektive Entwicklung hat individuelle Folgen. Physisch und psychisch repräsentiert der Mann das schwache Geschlecht. Dabei kann nicht alles, was in irgendeiner Form als Stimmungsschwankung oder Befindlichkeitsstörung gelten könnte, als „Weiberkram" abgetan werden. Vor allem nicht in der Mitte des Lebens, wenn sowohl das eine als auch das andere verstärkt auftreten.
Im Grunde ist der „neue" Mann also in erster Linie nur ein Produkt der Werbung. Aber er verkörpert all unsere geheimen Wünsche und Sehnsüchte: Er ist jung, dynamisch, markant, sportlich, gepflegt, seiner Umgebung nach zu urteilen erfolgreich, und er weiß sich ganz augenscheinlich in Szene zu setzen.
Statistiken belegen, wieviel sich die Männer in der Bundesrepublik ihren Luxus kosten lassen. 1970 gaben sie acht Milliarden Mark für ihre Garderobe aus. Zehn Jahre später waren es bereits 11,3 Milliarden, die der Handel für die Ausstattung des gepflegten Herrn einnahm, und 1990 stieg der Umsatz gar auf 25 Milliarden Mark.
Wenn es also überhaupt einen „neuen" Mann geben muß, kann ich nur hoffen, daß er Mensch und Individualist ist.
Doch mit Anfang vierzig wird es höchste Zeit, zu erkennen, daß das Image des richtigen Mannes, des harten Mannes, des wahren Mannes, das uns von frühester Jugend an impliziert wurde, im Leben eines Erwachsenen nichts taugt, denn jetzt beginnen sich die ersten Folgen bemerkbar zu machen.
Zweifellos fragen Sie sich jetzt, was das mit Ihnen und Ihrem Alter zu tun hat.
Im Prinzip können Sie diese Frage leicht selbst beantworten. Ein Blick in den Spiegel reicht meistens schon, denn eine ganze Reihe von Symptomen lassen die vergangenen Jahre sichtbar werden. Seien es die kleinen Falten um die Augen, die sich kontinuierlich vertiefenden Furchen auf der Stirn, der ständig wachsende „Rettungsring" um die Hüften, der mehr oder weniger störende Bauchansatz oder der breiter werdende Scheitel.

Fazit: Die Zeiten, als wir noch dachten, wir seien „... schön wie ein Gott und männlich wie ein Held" (Schiller: Braut von Messina), gehören endgültig der Vergangenheit an.

Hinzu kommen periphere Störungen wie Hitzewallungen, Schweißausbrüche, Schlaflosigkeit, häufig auftretende Müdigkeit und Erschöpfungszustände. Ein weiteres Zeichen sind Anfälle irrationaler Aggression. Genaugenommen handelt es sich bei diesen Erscheinungen um die gleichen, die auch für die Wechseljahre der Frauen symptomatisch sind. All das jagt uns jedenfalls Angst ein, macht uns deutlich, daß wir unseren Körper nicht mehr im Griff haben, sondern er uns, und führt uns schließlich die Endlichkeit des Seins vor Augen. Daß alles vergänglich ist, steht bereits am Tag unserer Geburt fest, und so ist es auch mit dieser Phase des Lebens. Es besteht also absolut kein Grund, in die sogenannte Midlife-crisis zu verfallen. Das hilft Ihnen nämlich gar nichts. Im Gegenteil! Statt den Kummer um das Ende der Jugend still und leise zu „verschütten", sollten Sie tätig werden – und zwar ausnahmslos für sich und Ihre Fitneß!
Wer allerdings der Meinung ist, Fitneß hätte ausschließlich etwas mit schlanken Taillen und ausgeprägten Muskeln zu tun, unterliegt einem Irrtum und damit sollte man die zweite Hälfte des Lebens wirklich nicht beginnen.
Fit sein heißt nichts anderes, als in guter körperlicher Gesamtverfassung, also gesund, leistungsfähig und gut in Form zu sein, wobei letzteres auch unsere optische Erscheinung einschließt.
Obgleich der Weg dorthin gerade für Untrainierte oft beschwerlich ist, kann ich Ihnen aus eigener Erfahrung versichern, es lohnt sich.

Fassen wir also zusammen: Mit vierzig liegt zwar – rein statistisch gesehen – die Hälfte des Lebens noch vor uns, aber – die andere Hälfte bereits hinter uns. Die Leistungsfähigkeit läßt nach. Man muß kürzer treten. Die Regenerationsphasen werden länger, denn der Körper verarbeitet sowohl körperliche Belastungen als auch Umwelteinflüsse nicht mehr so rasch wie erst vor kurzem – oder ist es etwa doch schon ein paar Jahre her, daß man ungestraft über die Stränge schlagen durfte? Untrügliches Zeichen für diese Erkenntnis ist jedenfalls die Entschuldigung: „Früher hat mir das nichts ausgemacht!"
Und dann sind da auch noch die taktvollen Kommentare „guter" Freunde: „Mann, bist du alt geworden!" oder „Warst du nicht mal

schlanker?“ oder „Hattest du immer schon so wenig Haare?“ Wie lange kennt man diese Freunde eigentlich bereits? Wirklich schon über dreißig Jahre? Na ja, wenn man sie so betrachtet, kann es wirklich so lange her sein.
Jetzt heißt es, auf alle Fälle nicht resignieren. Das wichtigste in der Mitte des Lebens ist, locker zu bleiben und gegen die Unbill des „Alters“ anzugehen. Nutzen Sie diese Periode Ihres Lebens also auch, um eine kreative Verschnaufpause zu machen, um Ihre Situation zu überdenken, und halten Sie sich immer wieder vor Augen: Mann – vierzig ist absolut kein Alter!
Also, auf in einen neuen Lebensabschnitt, der Ihnen übrigens ausgesprochen interessante Perspektiven bietet, die dem jungen Volk verschlossen sind: Ab vierzig kann man beispielsweise, natürlich nur, sofern man die entsprechenden Voraussetzungen erfüllt, zum Richter am Bundesverfassungsgericht berufen werden, oder man kann sich, für den Fall, daß man das passive Wahlrecht zum Deutschen Bundestag besitzt, zum Bundespräsidenten wählen lassen. Und wer noch fünf Jahre älter ist, bekommt ein ganz besonderes Bonbon: Mit 45 endet nämlich die Wehrpflicht – allerdings nur in Friedenszeiten.

Fitneß und Ausdauer für eine gesündere Zukunft

„Ich bewege mich immer nur dann, wenn ich zur Beerdigung meiner sporttreibenden Freunde gehe", erklärte Mark Twain auf die Frage, wie er über Sport denkt. Doch sollten wir uns diese Haltung des 19. Jahrhunderts nicht zu eigen machen, denn wer Sport treibt, hat nach unseren Erfahrungen mehr vom Leben.

Millionen Menschen treiben heutzutage Sport, teils um ihre Vitalität zu erhalten, die Gesundheit zu stärken, fit zu bleiben oder um der äußeren Erscheinung willen. Merken Sie etwas? Mit letzterem möchte ich auf das Problem Übergewicht anspielen. Durch demoskopische Studien wurde nämlich ermittelt, daß in der Bevölkerung zwischen dem 14. und dem 40. Lebensjahr eine kontinuierliche Steigerung des Körpergewichts zu verzeichnen ist. Immerhin wiegt jeder dritte Bundesbürger zuviel, wobei die Hauptgruppe bei den Männern zwischen vierzig und sechzig anzutreffen ist. Das gefährlichste Alter für eine Gewichtszunahme ist dabei die Zeit zwischen dem 30. und 40. Lebensjahr.

Doch das nur am Rande. Den ewig Zögernden und Zaudernden wird tagtäglich durch die Massenmedien vermittelt, wie wichtig Bewegung für unseren Körper und damit für unser Wohlbefinden ist. Die Gesundheit zu erhalten und Krankheiten vorzubeugen gehört von nun an mit zu unseren vornehmsten Aufgaben. In den vergangenen Jahrzehnten sind wir oft allzu sorglos mit unserem wertvollsten

Gut umgegangen. Das Vertrauen in das ärztliche Können und die Pharmaindustrie war zu groß. Doch statt Gesundheit über einen Krankenschein zu beziehen, sollten wir die beste aller Chancen nutzen, nach der jeder einzelne durch sein Verhalten einen großen Teil zur eigenen Gesundheit beitragen kann, was übrigens auch im Interesse unserer Wirtschaft wäre.

Mit einem Wort: Fit sein ist alles. Zweifellos sind die jeweiligen Argumente kaum zu widerlegen. Und Tatsache ist auch: Man(n) kann nicht genug für sich tun – wenn es nur nicht so anstrengend wäre.
Gut, als wir noch jünger waren, gehörte Sport natürlich zum festen Bestandteil unseres Lebens. Ich kenne kaum einen Altersgenossen, der früher nicht in irgendeiner Disziplin absolute Spitze gewesen ist – außer mir.
Aber heute, wie gerne würde man wieder einmal etwas machen – wenn man nur Zeit hätte, wenn einen der Beruf nicht auffressen und wenn einem die Familie etwas mehr Spielraum lassen würde.
Wenn man will – oder eben nicht will –, kann man zahllose Gründe finden, die einen davon abhalten, etwas für seine Gesundheit zu tun. Allerdings gibt es noch mehr Gründe, die dafür sprechen.
Viele Zivilisationsschäden stehen, um nur ein Beispiel zu nennen, in unmittelbarem Zusammenhang mit unserer bewegungsarmen Lebensweise. Dazu gehören in erster Linie Herz- und Kreislaufbeschwerden, Bandscheibenvorfälle und Ablagerungen in Gelenken und Gefäßen. Als Folge treten häufig Veränderungen auf, die dem Alterungsprozeß ähneln können: Die Herz- und Lungenfunktionen lassen nach, die Blutdruckregulation ist gestört, der Bewegungsapparat verliert an Geschmeidigkeit, die Muskulatur kann erschlaffen und die Leistung des Immunsystem nimmt ab.

Diese Gründe sollten eigentlich motivierend genug für uns sein. Dem ist jedoch bei weitem nicht so. Wenn die Leistungsfähigkeit aufgrund der eben genannten Ursachen nachläßt, der Rücken schmerzt oder sonstige Beschwerden auftreten, greifen wir einfach zur entsprechenden Pille. Das Problem liegt darin, daß diese Symptome nicht schlagartig auftreten, sondern ganz langsam, schleichend. Es dauert

bis man sie realisiert und noch etwas länger, bis man begreift, daß es sich um die ersten Alterserscheinungen handelt.
Ich hatte beispielsweise mein Outing unerwartet am Morgen nach meinem neununddreißigsten Geburtstag. Bei näherer Betrachtung mußte ich widerwillig erkennen, daß ich offensichtlich nicht nur schon lange kein Adonis mehr war, sondern auch keinen Alkohol mehr vertrug. Wie sagte Schiller schon in dem Gedicht „Die Glocke": „Ach, des Lebens schönste Feier endigt auch den Lebensmai." Übrigens, wenn man wieder anfängt, sich an die Gedichte aus der Schulzeit zu erinnern, ist das ein untrügliches Zeichen dafür, daß man langsam alt wird. Auch die kleinen Wehwehchen, die mich neuerdings immer häufiger plagten, waren eindeutige Beweise dafür, daß ich gerade dabei war, den Zenit meines Lebens zu überschreiten. Ich will nicht leugnen, daß dieser ersten Begegnung mit dem bevorstehenden fünften Lebensjahrzehnt eine lange Phase des Nachdenkens folgte. Heute muß ich sagen, zum Glück, denn die Konsequenz meiner nicht ganz freiwilligen inneren Einkehr war die logische Schlußfolgerung: Sport ist angesagt. Nur so kannst du dem drohenden Verfall entgegentreten.
Nun wird bekanntlich nichts so heiß gegessen, wie es gekocht wird, und so verzichtete ich vorerst auf die geplanten flankierenden Maßnahmen, wie: Nie wieder Alkohol und: Keine Zigarette soll je wieder meine Lippen berühren.
Nachdem meine Überlegungen soweit gediehen waren, überprüfte ich erst einmal meine Devise, die ich schon in frühen Jahren von dem amerikanischen Schriftsteller und Schutzpatron der Bequemen W. C. Fields (1880–1946) übernommen hatte: „Wenn ich den Drang fühle, Sport zu treiben, lege ich mich einfach hin und warte, bis der Anfall vorüber ist." Und stellte mir anschließend die schwerwiegende Frage:

Wie wird aus einem Schreibtischtäter eine Sportskanone?
Im Prinzip spielt es keine Rolle, für welche Sport- oder Bewegungsart man sich entscheidet.Wichtig ist nur, daß es Spaß macht und konsequent betrieben wird.
Allerdings gebe ich zu, daß die Entscheidung nicht ganz einfach ist.

Darum sollten Sie bei Ihren Überlegungen folgendes beachten:
Um Kraft, Beweglichkeit, Ausdauer und Schnelligkeit gleichermaßen zu trainieren, sind unter anderem Sportarten geeignet, die den ganzen Körper in den Bewegungsablauf einbeziehen. Dazu gehören Laufen (Joggen), Gymnastik, Stretching – auf diese drei Sportarten werde ich näher eingehen – sowie Schwimmen, Rudern, Radfahren, Skilanglauf und Golf.

Und noch etwas: Körperliche Aktivität und psychische Verfassung stehen in kausalem Zusammenhang, deshalb können bei Energielosigkeit, depressiven Verstimmungen und inneren Spannungen eine Verbesserung des Befindens durch Sport und Bewegung erreicht werden.
Daß sich Sport und Fitness auch psychoregulativ auswirken, erkannten schon die alten Römer: „Mens sana in corpore sano."
Ich beschloß jedenfalls, dem allgemeinen Trend zu folgen, und versuchte es erst einmal mit Joggen. Wenn man zur richtigen Tages- beziehungsweise Nachtzeit startet, hat man die besten Chancen in der Flut von „Mit"-läufern unterzugehen, ein Umstand, der gerade für Anfänger äußerst angenehm ist. Die Gefahr, als Versager identifiziert zu werden, schrumpft dadurch auf ein erträgliches Maß. Abgesehen davon, im richtigen Outfit mit ein wenig Kunstschweiß kann einem so gut wie nichts passieren. Aber wir wollen ja ernsthaft etwas für uns tun und nicht nur eine Show abziehen.

Je länger, je besser – gehen, laufen oder rennen?

Ausdauertraining

Nach rein sportwissenschaftlichen Gesichtspunkten wird Ausdauer als Fähigkeit charakterisiert, eine gegebene Leistung über einen möglichst langen Zeitraum durchhalten zu können. Damit entspricht sie der psychophysischen Ermüdungswiderstandsfähigkeit des Sporttreibenden.

Was haben Herz und Kreislauf damit zu tun?
Ohne Sie mit medizinischen Vorträgen langweilen oder Ihnen Angst einjagen zu wollen, sollten wir die gesundheitlichen Aspekte nicht ganz unbeachtet lassen. Während es in den sechziger Jahren, als alle Leute über fünfundzwanzig für uns bereits uralt waren, noch massive Ablehnung hervorrief, wenn Sport als therapeutisches Mittel unter anderem zur Abwehr von Herz- und Kreislauferkrankungen eingesetzt wurde, so haben inzwischen Untersuchungen genau das Gegenteil erwiesen. Dementsprechend haben sportliche Aktivitäten eine heilende und vorbeugende Wirkung auf zahlreiche Erkrankungen und führen zur Verbesserung der physischen und psychischen Kondition und Belastbarkeit. Sport in wohldosierter Form aktiviert gleichzeitig die Selbstheilungskräfte des menschlichen Körpers und ist in der Lage, die in unserer Industriegesellschaft durch Mangel an Bewegung hervorgerufenen Schäden zu mildern oder gar zu beseitigen. Der pharmazeutischen Industrie wird es wahrscheinlich nie gelingen, ein Medikament für den Markt zu entwickeln, das dem Wirkungsspektrum sportlicher Aktivitäten auch nur annähernd entspricht.

Bereits mit dem 30. Lebensjahr beginnt die Ausdauerleistungsfähigkeit abzuflachen. Die Ursache liegt im stetig zunehmenden Sinken der Herz- und Lungenkapazität sowie am Abbau von muskulären Zellstrukturen. Aber wie kommt das? Der untrainierte Mensch hat in Ruhe eine Pulsfrequenz von durchschnittlich 70 bis 80 Schlägen pro Minute, wobei das Herz mehr als einhunderttausendmal am Tag schlägt. Bei einem Ausdauertrainierten hingegen schlägt das Herz etwa achtzigtausendmal am Tag bei einem Ruhepuls von 50 bis 60 Schlägen pro Minute. Manche Spitzensportler kommen auf 36 Schläge pro Minute! Dabei ist die im Vergleich zum Trainierten deutlich erhöhte Herzfrequenz des Untrainierten in Belastungssituationen allerdings noch nicht berücksichtigt. Denn bei geringerer Herzfrequenz verbleibt dem Herzmuskel in der Erschlaffungsphase eine

längere Zeitspanne der koronaren Durchblutung und damit Versorgung mit sauerstoffreichem Blut, ebenso werden während dieser Erschlaffungsphase beide Herzkammern mit einem größeren Volumen gefüllt. Daraus resultiert eine größere Schlagvolumenleistung bei niedriger Frequenz – das Herz arbeitet also effektiver und ökonomischer.
An dieser Stelle drängt sich mir ein gewisser Vergleich mit unserem liebsten Kind, dem Auto, auf: Ein hochtouriger Einspritzmotor mit vier Gängen ist mit großer Wahrscheinlichkeit bei einer deutlich geringeren Fahrleistung bereits defekt, während ein auf Langlebigkeit konstruiertes Auto mit sechs Gängen und entsprechend niedriger Drehzahl wesentlich weniger verschleißt und eine viel größere Kilometerleistung und weniger Reparaturanfälligkeit erbringt – Montagsautos ausgenommen. Bis vierzig lohnt es sich also, ein hochgezüchteter Sportwagen zu sein, in der zweiten Hälfte seines Lebens sollte man sich aber eigenständig und durch Sport auf einen langlebigen Diesel mit sechs Gängen langsam „umrüsten".

Wiederholen wir also noch einmal: Mit Ausdauer ist die Widerstandsfähigkeit des Sportlers gegen Ermüdung gemeint. Sie gewährleistet, entsprechend ihres trainingsabhängigen Niveaus, das Erreichen einer optimalen Intensität bezüglich der Leistungsfähigkeit in physischen, aber auch psychischen Bereichen. Mit anderen Worten:

1. Die Belastungsdauer sollte mindestens drei Minuten betragen.
2. Die Belastungen müssen dynamisch sein.
3. Die Pulsfrequenz sollte auf mindestens 180 Schläge minus Lebensalter ansteigen.

Das Resultat:

* Die Belastbarkeit des Herz- und Kreislaufsystems und die Sauerstoffversorgung des Organismus nehmen zu.
* Der Stoffwechsel ökonomisiert sich, und der Cholesterinspiegel wird gesenkt.
* Überschüssige Kalorien werden je nach Belastung teilweise oder ganz abgebaut.

Nach diesem kleinen Exkurs in die Technik – wobei wir wohl alle zugeben müssen, daß wir bisher mehr für unser Auto getan haben als für uns – bleiben noch die Themen Schlaganfall und Herzinfarkt. Wären wir, statt mit dem Auto zu fahren, öfter mal die paar Meter zum nächsten Briefkasten gelaufen, könnten wir uns das Folgende unter Umständen sparen. Bei der Blutgerinnung spielt die Fähigkeit der Thrombozyten, zu einem Blutgerinnsel zusammenzukleben, eine unerläßliche Rolle. Diese Fähigkeit kann uns aber auch zum Verhängnis werden. Bei einem geschädigten Gefäßsystem, in dem bereits durch arteriosklerotische Verengungen Verwirbelungen der Blutströmung auftreten, können schon geringfügige Störungen des Blutflusses, abhängig vom Grad der Verengung, zum plötzlichen Gefäßverschluß führen, wenn auf der Oberfläche dieser rauhen arteriosklerotischen Platten Gerinnsel entstehen, die in die Peripherie des entsprechenden Versorgungsareals einer Arterie verschleppt werden. Das trifft für die beiden großen Gebiete Gehirn und Herz zu: Man spricht in diesen Fällen entweder vom Schlaganfall oder vom Herzinfarkt.
Ausdauertraining reduziert signifikant die Kalkplattenbildung der Arteriosklerose und senkt dementsprechend die Auftretenswahrscheinlichkeit von Schlaganfall, respektive Herzinfarkt. Das Ausdauertraining ist also ein wesentlicher Bestandteil in der Herzinfarktprophylaxe.

Und noch etwas sollten Sie in puncto Gesundheit wissen. Bevor Sie mit dem Training – gleich welcher Art – beginnen, müssen Sie die Aufwärm- und Abkühlphasen beachten.
* Ein systematisches **Warming-up** von 5 bis 10 Minuten fördert die Durchblutung der Muskeln und Sehnen. Hierdurch erhöht sich in gleichem Maß die Muskeltemperatur, was wiederum dazu führt, daß die Muskulatur geschmeidiger und elastischer wird.
* Die Gefahr von Verletzungen, beispielsweise durch Zerrungen, verringert sich entsprechend, und das Herz kann sich durch ein Aufwärmprogramm auf den erhöhten Blutbedarf einstellen.
* Gleichzeitig ist dadurch eine Leistungssteigerung von bis zu 20% möglich.

Aber nicht nur das, noch eine andere unangenehme Begleiterscheinung läßt sich durch das Warming-up mehr oder weniger ausschalten: der **Muskelkater.** Wer kennt nicht die Bewegungsschmerzen, die in der Regel ein bis zwei Tage nach ungewohnter Muskelbeanspruchung auftreten? Die Beschwerden reichen immerhin von Berührungsempfindlichkeit bis hin zur vermeintlichen Bewegungsunfähigkeit. Die Muskeln sind dabei meistens leicht angeschwollen und verhärtet.
Über die Ursachen des Muskelkaters gibt es verschiedene Auffassungen. Zum einen werden Stoffwechselstörungen angenommen und zum anderen Milchtsäure-Traumatisierungen. Damit ist eine Anhäufung von Milchsäure und anderen sauren Stoffwechselprodukten gemeint, die die Schmerzen auslösen sollen. Allerdings scheinen beide Theorien zweifelhaft, wenn man bedenkt, daß der Muskelkater erst zu einem Zeitpunkt auftritt, nachdem sich die Milchsäurekonzentration wieder normalisiert hat. Vermutlich kommen feinste Verletzungen der Mikrostruktur des Muskels mit entsprechenden mikroskopischen und biochemischen Veränderungen als auslösendes Moment für den Schmerz in Frage. Die Prophylaxe des Muskelkaters ist jedenfalls eindeutig. Danach sollte man nie auf das Aufwärmen verbunden mit gezielten Dehnungsübungen verzichten und die körperlichen Belastungen der untrainierten Muskeln nur langsam steigern.
Für die Behandlung schon bestehender Muskelkater empfehlen sich viel Wärme und Lockerungsgymnastik. Neuerliche Belastungen oder Massagen sollten hingegen vermieden werden.

Ebenso wichtig ist auch ein Cool-down. Bei plötzlichem Trainingsabbruch besteht die Gefahr, daß der Blutdruck plötzlich absinkt, was unter Umständen zu einer Überbelastung des Herzens führen kann. Daher empfehlen Ihnen führende Sportmediziner und natürlich auch ich, das Training am Schluß noch einige Minuten in langsamem Tempo fortzusetzen, bis sich die Atmung wieder normalisiert und der Puls sich deutlich gesenkt hat. Um dem Körper das wohlige Gefühl der Entspannung zu vermitteln, sollten Sie im Anschluß an das Training wie zu Beginn noch ein paar Dehn- und Streckübungen machen.

Verspannungen lösen sich dadurch, und die Regeneration wird beschleunigt, da es zu einer erneuten Stoffwechselaktivierung kommt.
Im übrigen ist es nicht nur ein wirklich wundervolles Gefühl, den inneren Schweinehund überwunden zu haben, sondern auch wenn man anschließend total ausgepowert unter der Dusche steht und jede Faser seines Körpers wahrnimmt. Das Bewußtsein, bis an die physischen Grenzen seiner Leistungsfähigkeit gelangt zu sein, eröffnet einem völlig neue Gefühlsdimensionen. Danach kann man sich der totalen Entspannung hingeben.
Wer wie ich schon lange keinen Sport mehr getrieben hat, sollte sich unbedingt von einem Arzt durchchecken lassen, bevor er mit dem Ausdauertraining beginnt. Und noch etwas:
Auch wenn es einem anfangs noch so schwer fällt, nur regelmäßige Bewegung in Form von sportlicher Betätigung ist eine Grundvoraussetzung für gesundes Leben.
Man muß deswegen keineswegs besonders sportlich veranlagt sein oder außergewöhnliche Geschicklichkeit mitbringen. Das Ziel unserer Bestrebungen ist allein die Erhaltung und Verbesserung unserer Gesundheit und keine neuen Rekorde. Gerade Einsteiger neigen häufig zu Übertreibungen. Auch bei mir dauerte es geraume Zeit, bis ich die Grenzen meiner Belastbarkeit erkannte und vor allem akzeptierte.
Doch trotz aller Müh' und Plag' stelle ich immer wieder fest, wie gut es meinem Körper und Geist tut, wenn ich so richtig schön verschwitzt und außer Atem ins selbstgesteckte Ziel wanke.

Jogging

Es gibt verschiedene Gründe, die mich dazu bewogen haben, anhand des Laufens oder neudeutsch Joggens und der Konditionsgymnastik näher auf das Ausdauertraining einzugehen. Laufen ist die individuellste und natürlichste Form der Körperbewegung überhaupt. Es enthält ausschließlich physiologisch günstige Bewegungsabläufe. Außerdem kann jeder laufen, und zwar wann, wo und

wie er will. Es gibt keine festen Regeln, man ist auf niemanden angewiesen und benötigt keine speziellen Sporteinrichtungen.
Laufen ist einfach: Wer laufen will, zieht sich sein Trainingszeug an, schlüpft in die Laufschuhe, geht vor die Tür und rennt los.
Laufen stillt den Bewegungsdrang und macht Spaß. Es macht sogar so viel Spaß, daß es zur Sucht werden kann. Der Begriff „Fitneßfanatiker" gehört mittlerweile in die Reihe moderner psychologischer Probleme. Doch dazu kommen wir später.

Noch stehen wir am Beginn. Besonders wichtig sind wirklich gute **Schuhe.** Für Ihre Gelenke und Knöchel sollte Ihnen nichts zu teuer sein. Ein wirklich guter Laufschuh aus wetterfestem Obermaterial darf nicht zu weich sein, um den Füßen den nötigen Halt geben zu können. Wesentlich ist dabei, daß der Aufprall der Fersen bei jedem Laufschritt gut abgefangen wird, da sonst die Wirbelsäule zu sehr erschüttert würde, denn man muß bedenken, daß jeder Läufer das bis zu Dreifache seines Körpergewichts mit jedem Schritt absorbieren muß – und das ist bei mir eine ganze Menge. Ebenso unerläßlich ist ein anatomisch korrektes Fußbett zur Stützung des Fußgewölbes und eine spezielle Fersenstütze. Als besonders günstig zum Abrollen des Fußes haben sich die sogenannten Flexrillen, also Einkerbungen am Sohlenrand erwiesen. Und noch etwas, der Schuh muß wirklich optimal passen. Am besten lassen Sie sich im Sportgeschäft beraten.
In bezug auf die **Kleidung** sollte Bequemlichkeit den Vorrang haben. Natürlich braucht man keinen super Jogginganzug. Je nach Witterung genügen Turnhosen und T-Shirt über einem Unterhemd oder eine lange Hose mit Gummibund und ein T-Shirt unter einem Sweatshirt. Auf alle Fälle empfiehlt es sich, statt eines einzigen warmen Kleidungsstücks zwei, drei leichte Teile übereinanderzuziehen, denn die Luftschichten dazwischen garantieren eine bessere Isolation, wodurch das Frieren durch die Verdunstungskälte schweißnasser Bekleidung vermieden wird. Bei kälterer Witterung ist auf Trainingsanzug und gegebenenfalls Schal, Handschuhe und Mütze nicht zu verzichten.

Nachdem die Frage des Outfits geklärt ist, kann das Training beginnen.

Bekanntlich hängt jede sportliche Leistung von vielen verschiedenen Größen ab, die durch das Training unterschiedlich bestimmbar sind. Der wichtigste Faktor ist dabei die Zeit. Wer sich also endlich durchgerungen hat, das Training aufzunehmen, sollte sich tunlichst davor hüten, gleich zu hohe Ansprüche an sich selbst zu stellen. Auch wer früher schon Sport getrieben hat und glaubt, die Kondition jener Tage müsse noch irgendwo in schlaffen Muskeln verborgen sein, sollte lieber einsehen, daß die Jahre ihren Tribut fordern. Hüten Sie sich jedoch davor, sich selbst zu überfordern. Ein tägliches Training von zehn Minuten ist gerade zu Beginn ausreichend. Dem anfänglichen Spaß folgt nämlich häufig rasch ein Gefühl der Ermüdung und Erschöpfung. Treten obendrein noch Verspannungen und Schmerzen im Bewegungsapparat auf, wird das eben begonnene Training bald wieder aufgegeben. Die Ursache dafür liegt meistens in der unzureichenden Regenerationsfähigkeit des Körpers nach dem Training. Solange die Energiespeicher in der Muskulatur noch nicht wieder aufgefüllt sind und die Reparaturprozesse der beanspruchten Zellstrukturen noch Energiereserven verbrauchen, wird der Körper von Training zu Training erschöpfter. Das Leistungsvermögen sinkt immer weiter ab und zeigt sich je nach Veranlagung durch Abgeschlagenheit und allgemeine Schwäche oder durch Überreiztheit und gesteigerte Aggressivität, was sich sowohl im privaten als auch im beruflichen Bereich als äußerst ungünstig erweisen kann. Will man diesem Übertrainingszustand vorbeugen, muß man die Regenerationsphase unbedingt einhalten. Im Klartext heißt das, daß man erst wieder auf die Piste gehen sollte, wenn sich der Körper ausreichend erholt hat. Nur so kann das Leistungsniveau schrittweise gehoben werden. Allerdings reagiert jeder Körper unterschiedlich auf die ungewohnte Trainingsbelastung, und so muß jeder seinen eigenen Rhythmus finden.

Ich persönlich habe beispielsweise die Erfahrung gemacht, daß es bei einem Leistungsstand wie meinem – und der war wirklich beschämend – am günstigsten war, in den ersten 3 Monaten in einem Abstand von 3 Tagen und danach jeden zweiten Tag zu trainieren.

Aber auch hier gibt es wieder verschiedene Methoden. Für unser „Alter" ist ein sanftes Trainingsprogramm am effektivsten. Ich lernte die Methode 1991 durch den Schweden Carl Hermanson, seines Zeichens zweimaliger Weltmeister im Fünfkampf (1959 und 1961) kennen. Als Mitglied der „Swedish Society of Sportmedicin" fungiert der international anerkannte Spezialist für Ergonomie als Berater für Spitzensportler – und, gegen Geld natürlich, für Leute wie Sie und ich. Neugierig auf den Waldläufer aus dem Land der Elche, entschloß ich mich im Zuge der emanzipatorischen Bestrebungen meines Körpers, an einem Wochenende unter dem Motto „Fit for the Future" teilzunehmen. Schwerpunkt des Programms bilden ausgedehnte Waldläufe: Das Trainingsprogramm beginnt mit Gehen und Laufen im Wechsel. Mit fortschreitendem Training werden dabei die Gehphasen kürzer und die Laufphasen länger. Innerhalb von wenigen Wochen wird durch diese Wechselbelastung ein rascher Leistungszuwachs verzeichnet. Liegen beispielsweise am Anfang noch die Phasen bei vier Minuten schnellem Gehen, dreizehn Minuten Gehen und nur fünf Minuten Laufen, so kann man sich bei konsequenter Trainingsdurchführung bereits nach vier Monaten auf 40 Minuten Laufen und fünf Minuten gehen steigern. Vielleicht überlegen Sie jetzt, daß vier Monate eine lange Zeit sind, aber gemessen an all den Jahren, in denen Sie nichts getan haben, sind diese paar Monate wirklich nicht der Rede wert.

Erwähnenswert ist hingegen allerdings die Technik. Rennen Sie nicht einfach drauflos, sondern laufen Sie mit mäßigem Tempo locker und gelöst. Die Füße werden geradlinig in Laufrichtung über die Fersen mit dem Außenrist aufgesetzt und über den vorderen Fußballen abgerollt. Das Körpergewicht wird dabei elastisch und federnd abgefangen. Der Körper ist leicht vorgebeugt, der Kopf gerade und der Blick nach vorn gerichtet. Die Arme unterstützen den Bewegungsablauf, indem sie locker in Laufrichtung mitschwingen
Ganz besondere Beachtung gilt auch der – wie bei allen sportlichen Aktivitäten – richtigen Atmung. Entscheidend ist eine regelmäßige, rhythmische Atmung und hierbei insbesondere das bewußte tiefe Ausatmen. Ein verlängertes Ausatmen hilft Ihnen zudem bei eventuell

auftretendem Seitenstechen. Im übrigen gilt auch diesbezüglich der Grundsatz der Individualität und der besagt: Suchen Sie sich Ihren eigenen Atemrhythmus. Ich persönlich bevorzuge es, allein zu laufen. Dadurch kann ich meinen eigenen Trainingsplan verfolgen und mir meine Ziele setzen. Im übrigen schätze ich die „Einsamkeit des Langstreckenläufers" – die beste Möglichkeit, in Gedanken zu versinken und die Erlebnisse des Tages zu verarbeiten.
Für Leute, die nicht gern alleine ihre Bahnen ziehen und dem Laufen einen geselligen Anstrich geben möchten, es aber mit den Freunden und Bekannten nicht verderben wollen, gibt es die Lauftreffs. Dabei handelt es sich meist um größere Gruppen, die sich regelmäßig unter der Obhut des jeweiligen städtischen Sportamtes zusammenfinden und, ihrer Leistungsstärke entsprechend, von erfahrenen Läufern angeführt, durch Feld und Wald respektive Großstadtdschungel joggen. Jeder von uns ist wahrscheinlich schon einmal bei einem seiner seltenen Waldspaziergänge auf einen der zahllosen Trimmpfade gestoßen. Neben Hindernissen sind diese Laufstrecken mit Geräten für gymnastische Übungen ausgestattet. Hinweistafeln geben Benutzervorschläge, die jedoch beliebig abgewandelt werden können. Doch bei aller Freiheit, vergessen Sie nicht, zwischendurch Lockerungs- und Dehnungsübungen zu machen, ohne allerdings zu sehr abzukühlen, so daß sie unverkrampft in die nächste Runde gehen können.

Walking

Walking heißt im Prinzip nichts anderes als Gehen. Nun legen wir zwar tagtäglich auf unserem Weg – vom Schlafzimmer ins Bad, zum Frühstückstisch, zur Garage, ins Büro, zum Essen, wieder ins Büro und zurück nach Hause – eine gewisse Strecke auf Schusters Rappen zurück, aber überlegen Sie einmal, wieviel Zeit wir im Gegensatz dazu im Sitzen verbringen. Das ist jedoch nicht das einzige Problem: Wenn wir diese kurzen Strecken zu Fuß zurücklegen, gehen wir nicht einmal bewußt, sondern versuchen lediglich, eine bestimmte Strecke zurücklegen. Daß wir uns dabei kaum ergonomisch, also

den Bedingungen entsprechend, bewegen ist nicht verwunderlich. Doch der eigentliche Sinn des Walkings liegt eben darin, den Körper zu trainieren, ohne ihn zu belasten.
Bevor wir jedoch ins Detail gehen, möchte ich ein Mißverständnis gleich ausschließen: Wir reden hier nicht von der trostlosen Sonntagnachmittagsbeschäftigung unserer Kindertage, als wir noch fein gekleidet, einer Schar Kölnisch Wasser und Old Spice verströmender Schar Erwachsener, sprich Eltern, Großeltern, Onkeln und Tanten, folgend, durch die Parks und Pampas stapften, obwohl es doch soviel Wichtigeres zu tun gab. Und wehe, wenn wir einmal mit unseren blankgeputzten Schuhen vom Weg abkamen, die Welt hinter den Büschen war tabu. Walking ist keine Hommage an die Familie.
Walking ist einfach ein aufrechtes, lockeres und bewußtes Gehen. Beine, Arme und Becken bewegen sich in einem gleichmäßigen, harmonischen Rhythmus.
Sobald Sie den richtigen Schritt und Ihr Tempo gefunden haben, werden Sie feststellen, daß Ihr ganzer Körper in diese Art des Trainings einbezogen wird.
Für **Anfänger** gilt folgende Regel: Beginnen Sie mit einem Tempo, das nur wenig über dem des gewöhnlichen Spazierengehens liegt, und beschränken Sie sich auf 30 Minuten. Allerdings sollten Sie vier- bis fünfmal pro Woche Zeit dafür haben. Innerhalb der folgenden Monate wird das Tempo dann sukzessive gesteigert, bis Sie schließlich bei einer Geschwindigkeit von 8 km/h angelangt sind. Gleichzeitig wird das Pensum erhöht, bis Sie maximal 60 Minuten erreicht haben – ohne Pause, versteht sich.
Ein Walker vollbringt keine sportlichen Höchstleistungen und hat auch nicht die Ambitionen, eine möglichst weite Strecke in möglichst kurzer Zeit zurückzulegen. Seine Intention ist es, sich mit leicht gesteigerter Leistung kraftvoll, kontinuierlich und harmonisch zu bewegen – ein Walker kennt keine Schweißausbrüche. Und statt sich nach dem Training erschöpft und erholungsbedürftig zu fühlen, kann gleich wieder zur Tagesordnung übergegangen werden.
Für mich ist Walken eine ideale Ergänzung zum Joggen. Wenn ich beispielsweise auf Reisen bin und keine Gelegenheit zum Laufen habe, gehe ich schnellen Schrittes durch die Stadt oder einen Park.

Neben dem sportlichen Effekt hat Walken übrigens noch einen anderen positiven Aspekt: Man kann dabei seinen Gedanken nachhängen oder seine Umwelt bewußt wahrnehmen, denn Walken läßt einem die Zeit, sich umzuschauen und neue Eindrücke zu sammeln.

Gymnastik

Die aus der Antike überlieferte Bedeutung des Begriffs Gymnastik als harmonische Gesamtkörperbildung veranlaßte mich nach erneuter Überprüfung meines Spiegelbilds, mein persönliches Fitneßprogramm zu erweitern.
Den Zweck der Konditionsgymnastik kann man folgendermaßen skizzieren: Die Möglichkeit zur Verbesserung der allgemeinen körperlichen Durchbildung, also aller Muskel- und Gelenkbereiche, mittels einfacher gymnastischer Lockerungs-, Dehnungs- und Kräftigungsübungen mit dem Ziel, Bewegligkeit, Kraft, Ausdauer, Reaktionsfähigkeit und Schnelligkeit zu steigern.
Dazu muß man wissen, daß jede sportliche Leistung von verschiedenen Komponenten abhängt, die unterschiedlich intensiv durch Training beeinflußbar sind. Während die Konstitution eines Sportlers beispielsweise eine kaum veränderbare Größe darstellt, können die konditionellen und koordinativen Voraussetzungen für den exakten Bewegungsablauf durch gezieltes Training verbessert werden.
Auch in der Gymnastik stehen Konditions- und Koordinationstraining nach neuesten Erkenntnissen der modernen Trainings- und Bewegungslehre in unmittelbarem Zusammenhang.

Training im Studio
Um auch nach den letzten Erkenntnissen amerikanischer Sportwissenschaftler wieder in Form zu kommen, entschloß ich mich, eins dieser zahlreichen Fitneß-Studios aufzusuchen, in dem nur traumhaft gestylte Männer und Frauen ein und aus gehen. Ja, ich wollte auch zu ihnen gehören. Um wenigstens den äußeren Schein zu wahren, kleidete ich mich erst einmal völlig neu ein. Dann setzte ich meine Kopfhörer vom Walkman auf und betrat so leichtfüßig swingend

wie möglich die heiligen Hallen der breitschultrigen Götter. Doch schon nach den ersten Besuchen mußte ich feststellen, daß es nicht immer effizient ist, wenn man seine Energien auf schweißtreibende Übungen an Muskelgeräten oder in gruppenweise animierte Gymnastik verschwendet.
Obwohl die Probleme der meisten Menschen ähnlich gelagert sind, kann innerhalb der Studios nicht individuell genug auf den einzelnen Kunden eingegangen werden.
Seit kurzem schafft jedoch ein neuer Zweig des Dienstleistungsgewerbes in diesen Fällen nicht ganz billige Abhilfe – das „personal training". Und da mein Körper Luxus gewöhnt ist, meine Figur ist beredtes Zeugnis dafür, und man gönnt sich ja auch sonst nichts – aber dafür immer öfter –, entschied ich mich für das ganz individuelle Bodyshaping unter ausgesprochen reizvollen Bedingungen. Meine persönliche Trainerin, eine diplomierte Sportlehrerin, schickte mich erst einmal zur Untersuchung zum Arzt – in seriösen Studios ist das heute üblich –, bevor sie gemeinsam mit mir einen Trainingsplan entwickelte, der einzig auf meinen persönlichen Problemen – u. a. massiver Stau am mittleren Ring – und meiner derzeitigen Kondition basiert. Darin liegt übrigens der größte Vorteil des personal trainings. Aber auch die Tatsache, daß man bei jedem Besuch im Studio jemanden an seiner Seite hat, der korrigiert, animiert und lobt, ist eine ungeheure Motivation. Die daraus resultierenden spürbaren und sichtbaren Erfolge sind besonders in den Momenten, in denen man am liebsten alles aufgeben würde, ein zusätzlicher Ansporn. Ich spreche von jenen Augenblicken, in denen man sich wie aus dem Wasser gezogen fühlt und fragt, wofür man diese Plackerei überhaupt auf sich nimmt. Ich hatte gerade am Anfang regelmäßig diese Anwandlungen. Aber wer gibt sich auch schon vor den Augen einer hübschen jungen Frau die Blöße und wirft das Schweißtuch? Letzteres brauche ich übrigens ziemlich häufig, denn im einzelnen umfaßt mein Training Ausdauerübungen, Krafttraining, Gymnastik und Stretching – und das alles einmal pro Woche.

Gymnastik zu Hause
Ein Fitneß-Studio zu frequentieren ist natürlich nicht zwingend. Immerhin hat man gerade in Sachen Fitneß- und Konditionsgymnastik eine ganze Reihe von Möglichkeiten, die Übungen in den eigenen vier Wänden durchzuführen. Aber ich empfehle Ihnen, sich gerade zu Anfang einer Gruppe anzuschließen. Viele Sportvereine bieten entsprechende Kurse an. Unter der erfahrenen Leitung eines Trainers oder einer Trainerin vermeiden Sie Fehler, die möglicherweise zu langfristigen Schäden führen können. Besonders achten muß man in diesem Zusammenhang auf Gelenke, Bänder und Knochen. Wir sind zwar mit vierzig noch nicht unbedingt „alte Knochen", aber unsere Knochen sind eben doch schon etwas älter.

Aber kommen wir wieder zum praktischen Teil. Um überhaupt erst einmal zu lernen, welche Übungen für mich und meine jahrelang gepflegten Problemzonen wie Bauch und Hüften relevant sind, schloß ich mich einem Turnverein an, in dem laufend Kurse in Fitneß- und Konditionsgymnastik durchgeführt werden. Auch in diesem Fall spielen die Regelmäßigkeit und die Intensität, mit der man das Training betreibt, eine wesentliche Rolle auf dem Weg zum Erfolg.

Übungen für Stretching und Gymnastik

Die nachfolgenden Übungen sind so ausgewählt, daß sie die wichtigsten Körperpartien berücksichtigen. Um einen optimalen Erfolg zu erzielen, sollten Sie jede Übung mehrfach im Wechsel wiederholen. Vermeiden Sie dabei allerdings ruckartige Bewegungen und Übertreibungen.
Beginnen Sie ganz langsam, und denken Sie immer daran, daß häufig schon leichte Dehnungsreizungen ausreichen, um beispielsweise Muskeln und Bänder optimal einzustellen. Aber auch bezüglich der Belastungen unseres Organsystems müssen wir gerade am Anfang des Trainings behutsam vorgehen.

Übung 1: Dehnung der Wadenmuskulatur
Stellen Sie sich in offener Schrittstellung vor eine Wand, von der Sie sich mit beiden Händen abstützen. Die erwünschte Dehnung des nach hinten gestreckten Beines wird durch federnde Bewegungen des Beckens reguliert.

Übung 2:
Dehnung des vorderen Schienbeinmuskels
Umfassen Sie im Stand mit beiden Händen abwechselnd einen Fuß, und ziehen Sie die Ferse zum Gesäß. Dabei müssen die Schenkel parallel gehalten und die Hüfte leicht nach vorn geschoben werden.

Übung 3:
Dehnung der Adduktoren
Spreizen Sie das jeweils zu dehnende Bein mit gestrecktem Knie zur Seite, während das andere Bein etwa im rechten Winkel dazu steht. Die Dehnung erfolgt mittels Aufstützen der Arme und Beugen des angewinkelten Kniegelenks.

Übung 4: Dehnung der Abduktoren
Beugen Sie im Stand den Oberkörper wechselseitig zur Seite. Der eine Arm rutscht dabei seitlich am Knie vorbei, während der andere über den Kopf zur Beugeseite hin gestreckt wird. Wiederholen Sie diese Übung mehrmals zu jeder Seite.

Übung 5:
Dehnung des großen Brustmuskels
Nehmen Sie eine leichte Grätschstellung ein, und legen Sie eine Hand zwischen die Schulterblätter. Mit der anderen Hand ziehen Sie den Ellbogen hinter den Kopf. Wiederholen Sie diese Übung zur Gegenseite.

Übung 6: Straffung der Bauchmuskulatur
Legen Sie sich in die Seitenlage, und strecken Sie die Arme aus. Hände und Beine werden jeweils gekreuzt. Heben Sie nun den Rumpf langsam an, und verharren Sie vier bis fünf Sekunden in dieser Position. Dann lassen Sie sich langsam wieder in die Ruheposition sinken.

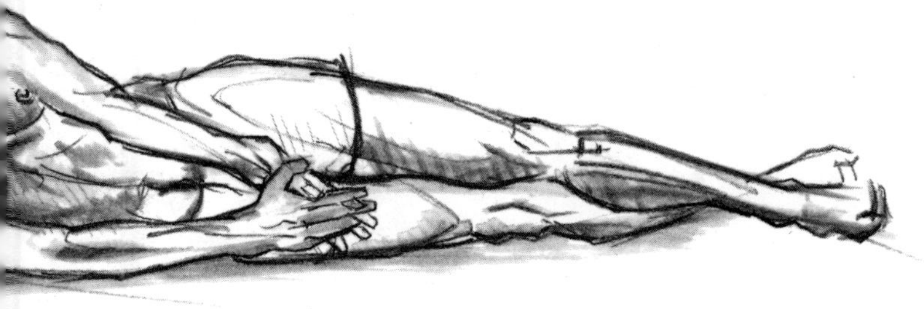

Übung 7: Festigung der Gesäßmuskulatur
Legen Sie sich auf den Rücken, und winkeln Sie die Knie um 90 Grad an. Die Arme werden hinter den Kopf ausgestreckt. Heben Sie nun das Becken so weit wie möglich an, und verharren Sie sieben bis zehn Sekunden in dieser Position, bevor Sie langsam wieder in die Ausgangslage zurücksinken.

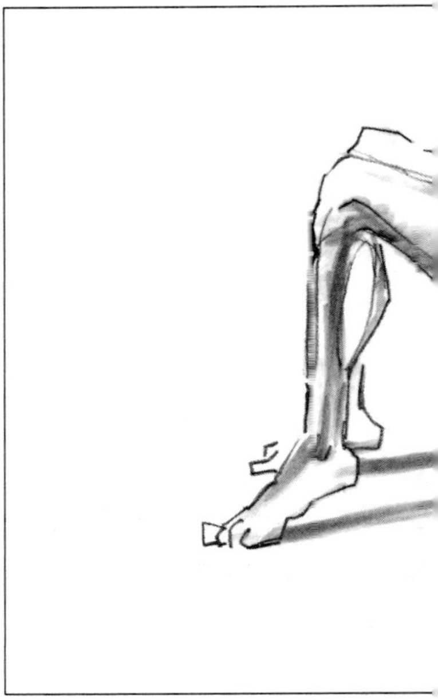

Übung 8: Festigung der Gesäßmuskulatur
Sie liegen in der Seitenlage und stützen den Oberkörper auf dem angewinkelten Arm ab. Spreizen Sie nun langsam das gestreckte Bein so weit wie möglich ab, und verharren Sie in dieser Position 10 bis 15 Sekunden, bevor Sie das Bein langsam wieder absenken.

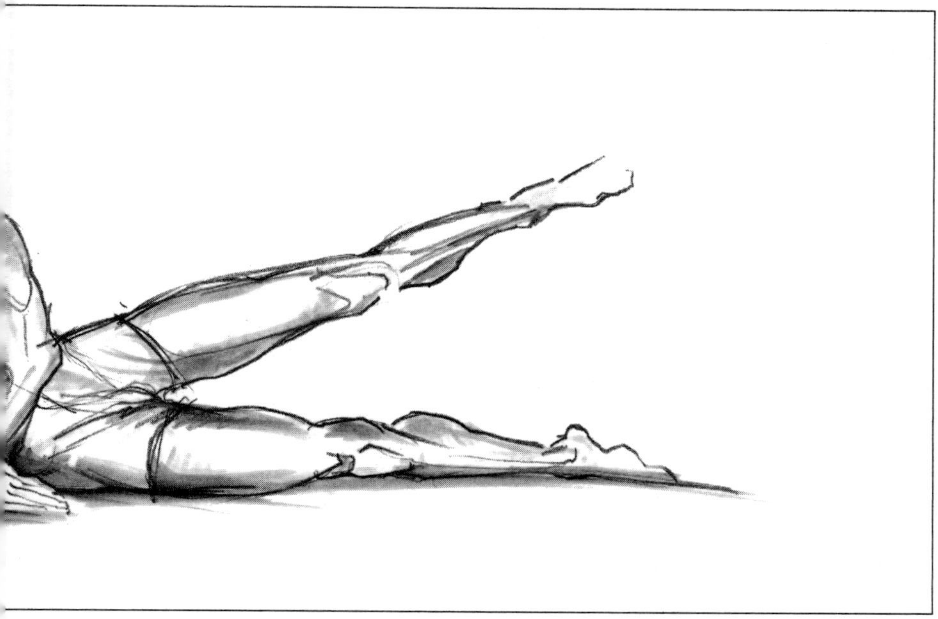

Übung 9: Taille
Machen sie am Boden eine Brücke, wobei Ihre Knie auf Schulterbreite auseinanderstehen sollten. Dann gehen Sie in das Hohlkreuz.

Aus dem Hohlkreuz heraus wird nun ein „Katzenbuckel" geformt.

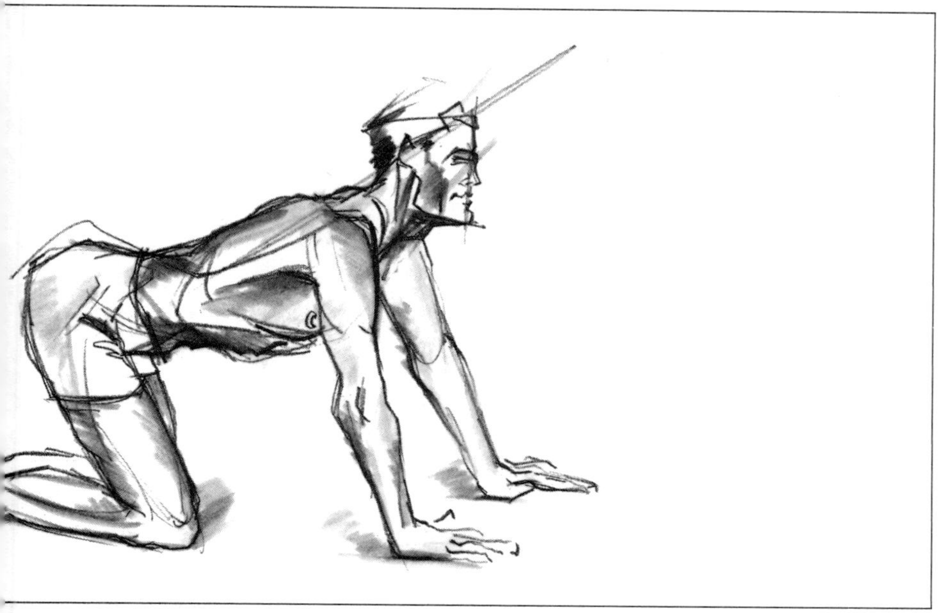

Übung 10: Taille
Auch bei dieser Übung geht es erst einmal in die Knie. Ziehen Sie nun mit der rechten Hand Ihr linkes Knie zum rechten Arm.

Als nächstes strecken Sie Ihr linkes Knie und Ihren rechten Arm bis zur Waagerechten und verweilen sieben bis zehn Sekunden in dieser Haltung. Dann entspannen Sie sich langsam wieder und gehen in die erste Position zurück.

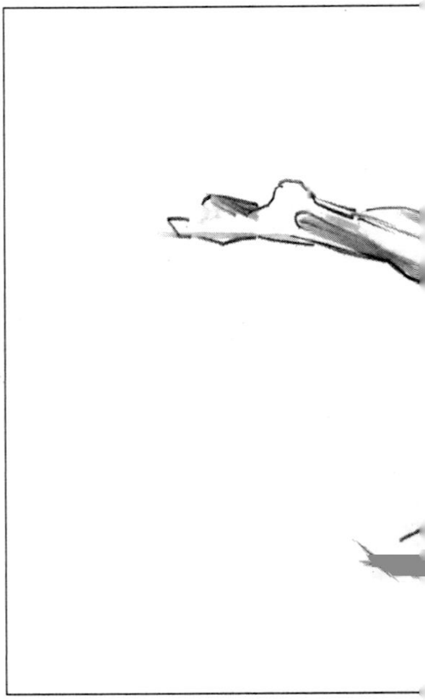

Bewegung ist das halbe Leben!

Stretching

Wir können uns zwar alle nicht mehr daran erinnern, aber kaum hatten wir vor vielen Jahren unseren ersten kräftigen Atemzug und den ersten markerschütternden Schrei getan, da begannen wir bereits, uns zu dehnen und zu strecken.
Wenn wir morgens aus Morpheus' Armen erwachen, dehnen und strecken wir uns, und wenn wir uns vom Schreibtisch erheben – ich spreche nicht vom Büroschlaf – strecken und dehnen wir uns ebenfalls. Und bevor wir unseren letzten Atemzug tun, strecken und dehnen wir uns wahrscheinlich auch noch einmal. Wir dehnen und strecken uns also von der Wiege bis zur Bahre.
Unter sportlichen Aspekten spricht man heutzutage jedoch nicht von so simplen Dingen wie Strecken und Dehnen, sondern vom Stretching.
Stretching ist also keine Modebewegung und auch keine Erfindung der Amerikaner, obwohl man fairer Weise zugeben muß, daß gerade von dort wichtige Impulse in Sachen Dehnung kamen. Vielleicht liegt es an der derzeitigen amerikanischen Wirtschaftslage, die viele Menschen dazu nötigt, sich nach der Decke zu strecken.

Aber zuerst ein Wort zur Theorie: Unsere Gelenke sind im wahrsten Sinne des Wortes Dreh- und Angelpunkt unseres gesamten Bewegungsapparates. Sie verbinden nämlich alle Glieder zu einer sich dreidimensional bewegenden Funktionskette. Je elastischer und belastbarer sie sind, um so verschiedenartiger und variabler ist unser Stütz- und Bewegungsapparat. Im Prinzip ist das Ausmaß der Bewegungsfähigkeiten unserer Gelenke und deren Bewegungsorgane Ausdruck unserer physischen Freiheit und Dynamik. Solange unsere Gelenke lautlos und schmerzfrei funktionieren, ist das eine Selbstverständlichkeit für uns. Die unglaubliche Bedeutung unserer Gelenke wird uns im Grunde erst in dem Moment bewußt, in dem wir entweder am eigenen Leibe oder bei anderen Menschen erleben,

wie durch Krankheit, Alter oder einen Unfall die Beweglichkeit der Gelenke drastisch eingebüßt werden kann.
Einfach ausgedrückt, ist ein Gelenk nichts anderes, als zwei knorpelüberzogene Knochenenden, die von einer schützenden und ernährenden Gelenkkapsel umhüllt werden und durch feste Bänder stabilisiert werden. Erst durch die Muskelgruppen, die über das Gelenk hinwegziehen und sowohl durch das bewußte als auch das autonome Nervensystem gesteuert und koordiniert werden, erhalten sie ihre eigentliche Bewegungsfunktion. Und damit auch tatsächlich alles reibungslos läuft, ist wie bei einem Motor die Schmiere wichtig. Diese wird bei optimaler Bewegungsauslastung von der inneren Schleimhaut gebildet. Dabei handelt es sich um eine farblose, fadenziehende Flüssigkeit, die das lautlose und perfekte Gleiten der Knochenenden gewährleistet. Sobald jedoch die Gelenkfunktionen, beispielsweise durch Ruhigstellung nach Unfällen oder Operationen, eingestellt oder, wie in meinem Fall, einfach zuwenig gefordert werden, läßt die Produktion der Gelenkschmiere nach. Es entstehen Verklebungen und rauhe Stellen, deren Folge mehr oder weniger ausgeprägte Versteifungen sind. Auf diesen Funktionsverlauf bezieht sich übrigens auch die alte Weisheit „Wer rastet, der rostet".

Hier greifen die verschiedenen Stretchingmethoden gezielt in wesentliche Funktionen der Gelenke ein. Mit der durch Stretching erzielten größeren Mobilität und Beweglichkeit der Gelenke verbessern sich auch die sportlichen Leistungen.
Dehnen kann man sich, wie ich eingangs bereits kurz erwähnt habe, in jedem Alter, jeder Lebenslage und zu jeder Zeit. Doch auch hier gilt: Erst aufwärmen, dann trainieren – dadurch werden Verspannungen und die daraus resultierende Verletzungsgefahr gebannt.
Wer jedoch wesentlich beweglicher, gelenkiger und geschmeidiger werden will, muß auch beim Stretchen eine allgemeine Lebensregel beachten: Auf die richtige Dosierung kommt es an, wenn man ein optimales Ergebnis erzielen will. Um in diesem Fall eindeutige Dehnungseffekte zu erzielen, ist es erforderlich, dreimal wöchentlich für 10 bis 15 Minuten zu stretchen.

Regelmäßig durchgeführtes Stretchingtraining führt bereits nach einigen Wochen zu spürbar verbesserter Beweglich- und Geschmeidigkeit Ihrer Muskeln und Gelenke.
Nach einem Jahr intensiven Trainings werden Sie sich in Ihrer Flexibilität kaum wiedererkennen; entsprechend fühlen Sie sich wohler, ein Umstand, der sich positiv auf Ihre Leistungsfähigkeit auswirkt. Gleichzeitig verringert sich die Verletzungsgefahr. Doch wie bei allen Sportarten, denen man sich als Einzelkämpfer stellt, richtet sich auch das Stretchtraining einzig nach den individuellen Voraussetzungen, denn jeder kann durch Stretching seine Beweglichkeit intensivieren. Der eine schneller, der andere langsamer. Wer jedoch behauptet, nur einmal in der Woche Zeit zu finden, kann sich die Mühe gleich sparen.

Und noch etwas ist wichtig. Jede Übertreibung und jeder falsche Ehrgeiz sind beim Stretching unangebracht, ja sogar gefährlich, weil dadurch die persönliche Dehnungstoleranz leicht überschätzt wird und Verletzungen provoziert werden können, die in ungünstigen Fällen zu dauerhaften Schäden führen können. Vermeiden Sie zum Beispiel alle federnden Bewegungen während des Stretchens, denn dadurch wird eine hohe Muskelabwehrspannung erzeugt, die das entspannende Nachgeben der Muskelfasern verhindert. Erst die länger gehaltene Dehnungsspannung schaltet muskuläre Abwehrspannungen aus und entspannt die Muskelfasern. Führen Sie also jede Dehnungsübung sicher und kontrolliert aus. Am besten beginnen Sie das Training mit den weniger elastischen Muskeln und achten bei Ihrer Körperhaltung stets darauf, Ihren Kopf in der verlängerten Achse der Wirbelsäule zu halten. So wird auch die Halswirbelsäule in unterschiedlichen Positionen gedehnt.
Außerhalb des Sports ist Stretching immer dann empfehlenswert, wenn man abgespannt und müde ist, sich steif und verkrampft fühlt, aber noch berufliche und private Aufgaben zu erledigen sind. Kleine „Dehnungspausen" beleben physisch und psychisch ungemein.

Schwimmen

Eigentlich ist es müßig, auch nur ein Wort über den Wert des Schwimmens zu verlieren. Schließlich weiß jeder, daß es sich um das ideale Konditionstraining für alle Altersstufen handelt. Nicht nur, daß die Herz-Kreislauf-Tätigkeit durch den konstanten Bewegungsablauf des Schwimmens günstig beeinflußt wird, auch die meisten Muskeln des Körpers werden trainiert. Besonders der Oberkörper, also Schultern, Arme, Brust sowie die Muskulatur des oberen Rückenbereichs werden trainiert. Durch den Auftrieb des Wassers wird das Körpergewicht fast vollkommen aufgehoben, was zur Folge hat, daß die Wirbelsäule durch den Schwebezustand im Wasser entlastet wird, und die Gelenke und Bandscheiben können ohne größere schwerkraftbedingte Belastung bewegt werden.
Zugleich beeinflussen Wasserdruck und Temperatur unser Atmungs- und Gefäßsystem. Denn zum einen wird die Atemmuskulatur trainiert, die den Wasserdruck beim Ausatmen in das Wasser überwinden muß – es kommt daher besonders auf Ihre Atemtechnik an. Achten Sie also darauf, daß Sie immer gleichmäßig und tief durchatmen, und vermeiden Sie Preßatmung. Zum anderen wird durch den Kältereiz die Durchblutung und die Wärmeregulation des Körpers gefördert und die Haut dadurch funktionstüchtiger. Der Temperaturwechsel Luft/Wasser härtet uns außerdem noch ab.
Übrigens, die Ausrüstung ist auch für alle erschwinglich. Sie benötigen lediglich eine Badehose, eine Bademütze und gegebenenfalls eine Schwimmbrille.

Rudern

Bleiben wir noch etwas im Wasser. Was gab es in jungen Jahren Schöneres, als mit der Angebeteten eine Kahnpartie zu machen? Erinnern Sie sich, immerhin war es eine der Möglichkeiten, der trauten Zweisamkeit zu frönen. Aber wer hätte in jenen Tagen schon daran gedacht, daß Rudern ebenfalls zu den Sportarten gehört, die man ein Leben lang ausüben kann. Allerdings ist in diesem Fall nicht

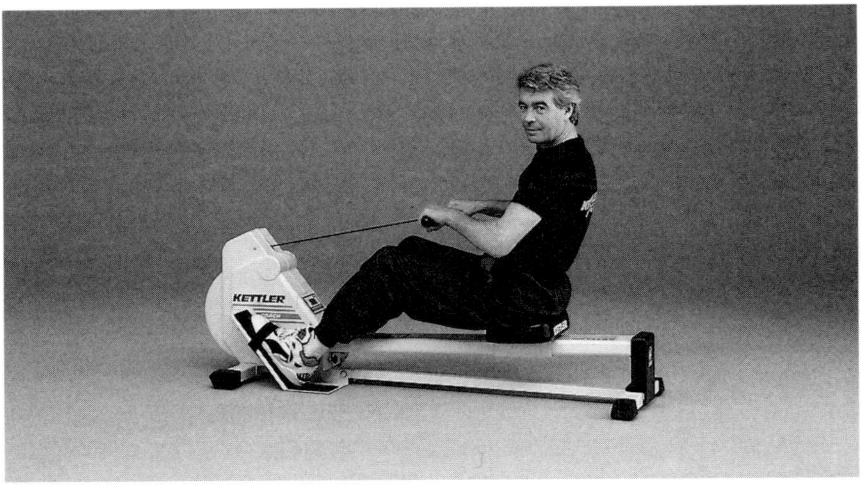

Erinnern Sie sich noch an den Ratzeburger Achter? Die Jungs haben auch nicht nur auf dem Wasser trainiert.

die Rede von der romantischen Kahnpartie, sondern vom Rudern im Verein.Der dynamische Bewegungsablauf mit seinem rhythmischen Krafteinsatz trainiert die gesamte Muskulatur, bewirkt eine sehr hohe Ausdauerbeanspruchung und steigert die Leistungsfähigkeit von Herz und Kreislauf. Zudem wird die Nacken-, Arm- und Bauchmuskulatur gekräftigt. Eine intensive Belastung fördert die Kräftigung der Beinmuskulatur.
Nun ist Wasser nicht unbedingt jedermanns Element. Für Leute, die also entweder wasserscheu sind oder kein Gewässer in der Nähe haben, hat die Industrie Rudergeräte und kombinierte Ruder-Fitneßtrainer entwickelt. Zwar ist ihre Benutzung nicht so romantisch, hat aber den Vorteil, daß man sich unabhängig von Wind und Wetter dem „Wassersport“ hingeben kann.

Radfahren

Ohne Zweifel liegt Radfahren absolut im Trend, und das kommt nicht von ungefähr. Viele Zeitgenossen haben die Lust daran verloren, am

Wochenende oder in der Freizeit stundenlang im Auto zu sitzen, um an die See oder in die Berge zu kommen. Falls Sie noch nicht dazugehören, wird es höchste Zeit, daß Sie sich auch in den Sattel des umweltfreundlichsten Verkehrsmittels schwingen. Abgesehen von dem Reiz, sich mittels eigener Muskelkraft an der frischen Luft fortzubewegen, wird das Herz-Kreislauf-System aktiviert und die Beinmuskulatur trainiert, ohne daß die Gelenke überstrapaziert werden.
Selbstverständlich bedarf es keines bestimmten Rades, um sich fit zu halten. Allerdings ist es heute nicht mehr ganz einfach, sich bei der Vielzahl unterschiedlichster Radtypen für das richtige zu entscheiden. Daher möchte ich Sie mit den gängigsten Modellen etwas vertraut machen.
Das **Tourenrad** ist sozusagen die klassische Limousine unter den Zweirädern. Mit relativ breiten Reifen, Tourenlenker, bequemem Sattel und Dreigangschaltung ist es das Fahrrad für jedermann.
Das **Rennsportrad** kommt schon eher einer sportlichen Limousine oder, je nach Ausstattung, einem dieser vielen Mittelklasse-Sportwagen, die neuerdings den Automarkt überschwemmen, gleich. Im Gegensatz zum Tourenrad besitzt es eine Mehrgangschaltung sowie vorn und hinten Felgenbremsen. Die Reifen und der Sattel sind schmaler, und der Lenker ist sportlich nach unten gebogen. Eben ein Rennlenker, der eher zum Liegen als zum aufrechten Sitzen zwingt, was in manchen Fällen etwas lächerlich wirkt und auch für die Wirbelsäule nicht problemlos ist.
Ganz anders ist da schon das eigentliche **Rennrad** ausgestattet. Der Rennwagen unter den Rädern verfügt in der Regel über einen extrem leichten Rahmen, sehr schmale Reifen, einen schmalen – nicht sehr bequemen – Sattel und eine Schaltung mit ungeheuer vielen Gängen. Allerdings fehlt bei einem richtigen Rennrad jeglicher Ballast. Schließlich könnten Schutzbleche, Beleuchtung und Klingel ja auch die Windschlüpfrigkeit des Flitzers beeinträchtigen und das Gewicht erhöhen, was jeder nach Rekorden trachtende Fahrer tunlichst vermeiden will. Während das Tourenrad und das Rennsportrad also durchaus noch für jeden Radfahrer geeignet sind, setzt die Benutzung eines Rennrads bereits eine.gewisse Kondition und radfahrerisches Können voraus.

Auf dem Heimfahrrad können Sie zwar kein Gelbes Trikot gewinnen, aber Sie kommen der Trophäe ein Stückchen näher.

Und dann gibt es da noch den Geländewagen mit zwei Rädern – das **Mountainbike.** In den letzten drei Jahren hat sich dieses robuste Gefährt zum absoluten „Renner" beim Publikum entwickelt. Breite, stark profilierte Reifen, eine bis zu zehn Zentimetern niedrigere Rahmenhöhe, ein verkürzter Lenker, der entsprechend sensibler reagiert, und eine Kettenschaltung mit bis zu 21 Gängen machen dieses Rad zu einem richtigen „Geländerad" und Gipfelstürmer.
Aber auch in diesem Sport sind ein gewisses Maß an Kondition und Können Voraussetzung.
Wer jedoch mitten in der großen Stadt lebt und sich auf einem Drahtesel dem Verkehr nicht gewachsen fühlt, kann natürlich auch zu Hause am offenen Fenster in die Pedale eines Heimtrainers treten, wobei Sie, genauso wie bei richtigen Radtouren oder beim Training, Ihre Leistungen durch entsprechende Programmierung des eingebauten Computers steigern können.

Gezielte Übungen an einem solchen Mehrzweckgerät zur Kräftigung der Rücken- und Bauchmuskulatur helfen Ihnen, die „Lasten“ des Alltags leichter zu tragen.

Skilanglauf

Noch eine Sportart erfreut sich ständig wachsender Beliebtheit – mit einer Einschränkung allerdings, es muß Winter sein, und noch wichtiger, es muß Schnee liegen. Die Rede ist vom Langlauf. Nebenbei bemerkt, auch in diesem Fall handelt es sich um einen Sport, den Sie ein Leben lang betreiben können.
Durch den Skilanglauf werden große Muskelgruppen, vor allem der Arme, Schultern und Beine, aktiviert. Er gilt als ideale Möglichkeit zum Herz-Kreislauf-Training.
Eine zweistündige Tour entspricht für ungeübte „Knochen“ etwa der Belastung von einer Stunde Joggen. Auch für Übergewichtige ein geeignetes Konditionstraining!
Die Technik läßt sich zwar rasch erlernen, aber trotzdem rate ich Ihnen, einige Stunden bei einem erfahrenen Skilehrer zu nehmen, denn die perfekte Beherrschung dieses Sports bedeutet ökonomischeren Kräfteeinsatz und damit auch mehr Spaß. Wer jedoch auf den Lehrer verzichten möchte und nicht ganz unbegabt ist, kann es natürlich auch allein versuchen.

Am besten beginnen Sie erst einmal mit Trockenübungen, vielleicht beim Spazierengehen, wenn Sie glauben, daß Sie niemand beobachtet. Der beste Einstieg erfolgt nämlich über eine Vorform des Diagonalschritts. Das heißt, Sie bewegen wie beim Gehen jeweils ein Bein und den gegengleichen Arm nach vorn. Auf Ski kommt es durch diesen Bewegungsablauf zu einem kurzen Rutschen. Arme und Stöcke dienen dabei zum Stützen. Durch verstärktes Abstoßen mit den Stöcken und größere Schritte wird die Bewegung zum Gleiten. Auch die Ausrüstung stellt kein größeres finanzielles Problem da. Neben Ski und Stöcken brauchen Sie noch ein Paar gute Schuhe, atmungsaktive Kleidung und eine wasserabweisende Jacke. Ski Heil!

Golf

Noch gilt er bei uns als exklusiv, der Sport im Grünen vor der Stadt. Aber in der näheren Umgebung der Ballungszentren beginnen bereits Golfclubs und öffentliche Golfplätze wie Pilze aus dem Boden zu schießen. Was in Amerika schon seit Generationen zum sportlichen Alltag gehört, erregt bei uns erst allmählich das Interesse der Allgemeinheit.
Dabei handelt es sich auch beim Golfen um einen ausgesprochen gesunden Sport. Bei einer vollen Runde Golf wird eine Gesamtstrecke von etwa sechs bis acht Kilometern zurückgelegt, für die ein Spieler je nach Spielstärke etwa drei bis viereinhalb Stunden benötigt. Mit den Golfschwüngen als gymnastisches Element ist Golf eine körperliche Betätigung, die durch die zusätzlich erforderliche Konzentration zur geistigen Entspannung in freier Natur beiträgt.
Und genauso wie die bereits genannten Sportarten kann man Golf ein Leben lang spielen, sogar ohne sich der Gefahr einer Überanstrengung auszusetzen. Bei nachlassender Kondition können Sie Ihr Spiel zum Beispiel auch auf eine halbe Runde oder nur einzelne Löcher beschränken. Dabei bestimmen Sie Ihr eigenes Tempo. Ein weiterer Vorteil des Golfspiels ist auch der Umstand, daß Sie je nach Lust und Laune alleine oder mit Freunden spielen können. Wie kom-

munikativ die Runden auf dem Platz sind, beweist allein schon die Tatsache, daß gerade Manager gerne mit Geschäftsfreunden golfen. Angeblich werden auf dem Grün die besten Verträge ausgehandelt. Sie könnten aber auch die Gelegenheit nutzen, um mit Freunden über Ihre Probleme zu reden – was ich Ihnen sehr empfehlen möchte.

Schneller, besser, weiter!

Sport als Sucht

Es ist schon so eine Sache mit dem Sport, zuerst kostet es ein ziemliches Quantum an Überwindung, bis man sich endlich aufrafft, etwas für seine Gesundheit zu tun, und kaum verspürt man die ersten Erfolge, schon wird der Sport zur Sucht. In diesem Fall besteht nicht nur die Gefahr, daß man seine Leistungsfähigkeit überschätzt und physische Schäden riskiert, sondern auch, daß das soziale Umfeld darunter leidet. Wie stark sich mein Bewegungsdrang im Laufe der letzten Monate entwickelt hatte, fiel mir zum ersten Mal auf, als ich sowohl mein Lauftraining als auch meine Gymnastik aus Termingründen einschränken mußte. Ich wurde nervös, launisch und unzufrieden. Es traten also Eigenschaften zutage, die ich während des regelmäßigen Trainings völlig abgelegt hatte. Der Sport war für mich nicht mehr länger nur ein Mittel zum Zweck, sondern Freizeitgestaltung, Ventil und Vergnügen geworden.

Die von mir empfohlenen Sportarten stehen selbstverständlich nur stellvertretend für all die anderen körperlichen Ertüchtigungen, die dazu beitragen können, unsere Kondition und unser Wohlbefinden zu verbessern.
Gleichgültig, wofür Sie sich entscheiden, eins sollten Sie immer beherzigen: Der Erfolg liegt einzig und allein in der Kontinuität.

Wenn Sie alle vierzehn Tage einmal Joggen gehen oder zum Langlauf könnten Sie es genausogut gleich bleiben lassen. Und noch etwas, achten Sie darauf, daß Sie sich nicht verausgaben, und hören Sie auf, wenn Sie ausnahmsweise mal keine Lust mehr haben. Beim nächsten Mal macht es dann doppelt soviel Spaß.
Soweit also das Thema Sport. Aber das ist natürlich nicht alles. Auch die richtige Ernährung ist ein wichtiger Schritt auf dem Weg zur Fitneß.

Auf die richtige Ernährung kommt es an

Nachdem wir uns also mit den ersten Voraussetzungen für unser Wohlbefinden auseinandergesetzt haben, kommen wir zu einem, im Grunde sehr angenehmen Thema: Essen und Trinken.
Ein altes deutsches Sprichwort besagt zwar, daß Essen und Trinken Leib und Seele zusammenhält, aber davon, daß Essen und Trinken den Leib dehnen soll, steht nirgends geschrieben. Abgesehen davon sorgen gesunde Ernährung und ausreichende Bewegung schon dafür, daß die Seele dem Leib nicht zu früh entweicht.
Halt, stehen Sie jetzt nicht auf, um sich Kartoffelchips oder Schokolade zu holen. Der Anfall geht bestimmt von allein vorüber. Und ein Bier zum Runterspülen brauchen Sie auch nicht. Wir wollen uns nämlich mit der gesunden Ernährung beschäftigen.
Richtig, wer Sport treibt, braucht Energie, aber bisher haben wir uns ja erst theoretisch mit der Sache beschäftigt. Wenn Sie später meine Anregungen in die Tat umsetzen, dürfen Sie selbstverständlich zwischendurch mal ein Stückchen Schokolade essen, obwohl Obst oder Knäckebrot gesünder wären. Aber in unserem „Alter" muß man sich auch nicht mehr alles verkneifen.
Die vier kleinen „f" von Turnvater Jahns Grundsatz: „frisch, fromm, fröhlich, frei" haben sich längst in die vier großen „F" für Feierabend, Fernsehen, Filzpantoffeln und Flaschenbier gewandelt.

Fernsehen, Flaschenbier und Filzpantoffeln sind zwar Errungenschaften der Neuzeit, aber das fünfte große „F", die menschliche Freßsucht, ist schon seit Tausenden von Jahren ein Zivilisationsproblem. Auf einer Papyrusrolle, die aus der Zeit um 1500 v. Chr. stammt, steht bereits: „Der Mensch ißt zu viel. Ein Viertel davon braucht er selbst, von den restlichen drei Vierteln leben die Ärzte." Wahrscheinlich lebten sie damals schon nicht schlecht davon.
Eine gesunde Ernährung ist die Voraussetzung für hundertprozentige körperliche und geistige Leistungsfähigkeit. Obwohl wir uns alle dieser Tatsache bewußt sind, ernähren wir uns zu einseitig und zu unkontrolliert, denn nur zu gern vergessen wir, daß sich die physischen Anforderungen im täglichen Leben verändert haben. Wir müssen nicht mehr bis zum Umfallen körperlich arbeiten, und dementsprechend braucht unser Körper weniger Energie. Gleichzeitig ist unsere Nahrung konzentrierter geworden. Zucker, Weißmehl, Fett und Alkohol sind beispielsweise ballaststoffarm, sättigen rasch, enthalten viel Energie, sind aber schnell wieder abgebaut. Früher hingegen war die Kost reicher an Ballaststoffen und hielt durch den langsameren Abbau länger vor.

Eine vollwertige Ernährung sollte ausgeglichen sein und diese alle Komponenten in bestimmten Anteilen enthalten, um die physische und psychische Leistungsfähigkeit zu gewährleisten.

Maßgebend sind dabei sowohl das Lebensalter, das Geschlecht, die Konstitution, die körperlichen Beanspruchungen als auch die unterschiedlichen Stoffwechselbedürfnisse des Organismus. Die Energie, also die Kalorien beziehungsweise Joule, sollte demnach dem tatsächlichen Verbrauch entsprechen. Unsere Mahlzeiten sollten so zusammengestellt sein, daß keine Lücken in der Vitaminversorgung entstehen. Ebenso sinnvoll ist es, die Mahlzeiten gleichmäßig über den Tag zu verteilen, damit es einerseits nicht zu plötzlichem Leistungsabfall mangels Energie und andererseits nicht zu einer Überlastung des Verdauungssystems kommt. Und last but not least sollten wir auch darauf achten, daß wir Schadstoffe meiden – damit meine ich Genußmittel wie Alkohol, Nikotin und Nahrungsmittel mit chemischen Rückständen.

Der Stoffwechsel dient bekanntlich der Verarbeitung von Nährstoffen zu spezifischen körpereigenen Stoffen und deren Ausscheidung aus dem Körper. Klappt dieser Ablauf reibungslos, funktioniert auch unser Körper wie geschmiert. Trotzdem wird diesbezüglich in unserer Zivilisationsgesellschaft am meisten gesündigt, denn selten wird das Märchen „Von der Zeit, die man nie hat" so häufig strapaziert wie im Fall des Essens. Weil wir spät dran sind, verzichten wir häufig aufs Frühstück, aus Zeitmangel lassen wir das Mittagessen ausfallen, und abends machen wir schnell eine Konserve auf, weil wir es eilig haben – aber sagen Sie jetzt nicht, weil Sie zum Sport müssen! Und wenn sich zwischendurch der Hunger meldet, befriedigt man ihn rasch aus Zeitersparnis mit meistens ungesunden kleinen Snacks wie Schokolade, Kuchen oder Kartoffelchips.
Noch schlimmer ist es allerdings, wenn Sie auch zu den Leuten gehören, die ständig unter irgendwelchen Entzugserscheinungen leiden! Dann sind Sie ebenso ein Opfer Ihrer Lüste, wie ich es war – oder, um ehrlich zu sein, anfallsweise noch immer bin. Allerdings habe ich mich zwischenzeitlich so weit unter Kontrolle, daß ich nicht mehr wahllos in mich hineinstopfe, was ich an Junkfood bekommen kann.
Etwas Freude muß man jedoch noch haben, und so ist nichts dagegen einzuwenden, wenn Sie zwischendurch mal einen Riegel Schokolade essen. Es muß ja nicht gleich eine ganze Tafel sein. Immerhin ist es besser, als sich vor lauter Heißhunger unkontrolliert mit Knäckebrot oder Müsli vollzustopfen.

Bausteine des Lebens

Vitamine

Unser Körper kann eine ganze Menge vertragen. Doch ohne Vitamine spielt sich gar nichts ab. Kein Stoffwechselvorgang, kein Ab-

oder Umbau von Nährstoffen und keine Stärkung unserer körpereigenen Stoffe ohne Vitamine.
Man unterscheidet zwischen den fettlöslichen Vitaminen A, D, E und den wasserlöslichen wie Vitamin C, die B-Gruppe, Niacin, Folsäure, Pantothensäure und Biotin. Die fettlöslichen Vitamine können wir speichern, also auf Vorrat zu uns nehmen. Sie werden über die Darmschleimhaut unter Zuhilfenahme von Nahrungsfett oder Gallensäuren in die Blutbahn aufgenommen und zu ihrem Einsatzort transportiert. Überschüssige Vitamine werden in der Leber und im Fettgewebe zwischengelagert, von wo aus sie im Bedarfsfall abgerufen werden können. Die wasserlöslichen Vitamine müssen wir statt dessen täglich zu uns nehmen. Sie werden direkt über den Darm in den Körper aufgenommen und im Falle eine Überschusses über Urin oder Schweiß wieder ausgeschieden.
Fehlen ein oder mehrere Vitamine, erreicht unser Körper sehr schnell seine Toleranzgrenze und meldet sich durch vielfältige Signale zu Wort.

Damit Sie keine Mangelerscheinungen bekommen, hier die wichtigsten Vitamine und ihre „Zuständigkeitsbereiche“:
Vitamin A ist für gutes Sehen und die Regeneration der Haut verantwortlich. Mangelerscheinungen sind Nachtblindheit, defekte und spröde Haut, Austrocknen der Augen, gestörtes Knochen- und Zahnwachstum und Infektionsanfälligkeit. Karotten, Spinat, Butter und Leberwurst sind wichtige Vitamin-A-Lieferanten.
Vitamin D, in Lebertran, Leber, Margarine und Fischen wie Hering und Makrele vorkommend, ist für den Knochenaufbau bestimmend. Im Falle einer Unterversorgung kommt es zu vermehrten Knochenbrüchen und häufigen Muskelkrämpfen.
Vitamin E stabilisiert die Zellen, Blutkörperchen und ebenso wie das Vitamin C das Abwehrsystem. Angeblich soll sich Vitamin E aber auch positiv auf die Sexualität und gegen vorzeitiges Altern auswirken. Essen Sie also häufiger mal Sonnenblumenkerne.
Vitamin C stärkt wie gesagt unser Abwehrsystem, sorgt für gesundes Knochen- und Zahnwachstum, kräftigt das Bindegewebe und verhindert die Bildung von krebserregenden Nitrosaminen. Raucher

haben übrigens einen erhöhten Vitamin-C-Bedarf. Die Mangelerscheinungen sind ziemlich massiv: Skorbut, Zahnfleischbluten, Zahnausfall, Muskelschwund, gestörte Wundheilung, Hautfunktionsstörungen, Gewichtsverlust, Appetitmangel und Übererregbarkeit. Wer jedoch täglich Zitrusfrüchte, Kiwis, schwarze Johannisbeeren, Paprika oder Kartoffeln zu sich nimmt, wird von diesen Geißeln verschont.

Vitamin B_1 steht für den Kohlenhydratstoffwechsel. Ein Mangel führt zu Müdigkeit, Nervosität und Depressionen – gefördert werden diese Symptome übrigens durch den Genuß von Alkohol und Nikotin. Wer raucht und gern mal ein Gläschen trinkt, sollte besonders darauf achten, daß er regelmäßig Vollkornerzeugnisse, Hülsenfrüchte und Kartoffeln zu sich nimmt.

Vitamin B_2 ist für unseren Stoffwechsel unentbehrlich und garantiert uns gleichzeitig gesundes Wachstum und eine reine Haut. Milch und Milchprodukte, Fleisch, Vollkornerzeugnisse, Cornflakes, Hühnerbrust, Schweineleber, Makrelen und Lachs sind reich an Riboflavin.

Vitamin B_3 wirkt zusammen mit den Vitaminen B_1 und B_2 am Energie-, Fett, Eiweiß- und Zuckerstoffwechsel der Zellen mit. Ein Zuwenig an Vitamin B_3 äußert sich durch Hautfunktionsstörungen, Durchfall, geistige Verwirrung, Nervosität, Anschwellen des Mundes und eine glatte Zungenoberfläche. Zu den Nahrungsmitteln, die Vitamin B_3 enthalten, gehören Spargel, Linsen, Pfifferlinge, Schweine- und Hühnerleber, frische Erdnüsse und wiederum Makrelen und Lachs.

Vitamin B_6 trägt einen entscheidenden Teil zum Eiweißstoffwechsel bei und ist für die Entgiftung unseres Körpers dringend notwendig. Darum sollten wir täglich eine Banane essen. Aber auch Kalbsleber, Makrelen und Lachs – wahre Gesundbrunnen, diese Fische! – Avocados und Reis enthalten einen hohen Anteil an Vitamin B_6.

Vitamin B_{12} ist an der Bildung der roten Blutkörperchen und am Transport des Sauerstoffes beteiligt. Und damit wir immer genügend rote Blutkörperchen haben, essen wir Fisch, Fleisch, Leber und Magerquark und trinken viel Milch.

Folsäure und Vitamin B_{12} sind am Aufbau von Zellen und Zellkernen sowie an der Bildung des roten Blutfarbstoffs Hämoglobin in den Blutkörperchen beteiligt. Funktioniert die Folsäureversorgung nicht,

Tabelle 1: Nahrungsmittel mit hohem Vitamingehalt

Vitamin		In hohem Maße enthalten
A	Retinol	Leber, Aal, Hering, Eigelb, Butter, Milchprodukte, Gemüse und Aprikosen
B_1	Thiamin	Vollkornprodukte, Hülsenfrüchte, Sojabohnen, Schweinefleisch, Milch und Bierhefe
B_2	Riboflavin	Getreidekeime, Hülsenfrüchte, Hefe, Gemüse, Leber, Herz, Geflügel, Fisch und Milchprodukte
B_3	Niacin	Leber, Geflügel, Fleisch, Fisch, Pilze, Hefe, Vollkorngetreide, Nüsse, Reis, Trockenfrüchte und Spargel
B_6	Pyridoxal	Leber, Fleisch, Fisch, Hefe, Weizenkeime, Vollkornprodukte, Käse, Obst und Avocados
B_{12}	Cobalamin	Leber, Innereien, Fisch, Fleisch, Vollmilch und Eier
C	Ascorbinsäure	Zitrusfrüchte, Kartoffeln, Paprikaschoten, Petersilie, schwarze Johannisbeeren, Kiwi und Hagebutten
D	Calciferol	Leber, Hering, Lachs, Kalbfleisch, Eigelb, Butter und Pilze
E	Tocopherol	Kaltgepreßte Pflanzenöle, Eigelb, Sojabohnen, Hülsenfrüchte, Vollkornprodukte und Mandeln
H	Biotin	Leber, Niere, Hefe, Sojamehl, Hülsenfrüchte, Getreidevollkorn, Nüsse, Eigelb
K	Phyllochinon	Spinat, Blumenkohl, Rosenkohl, Grünkohl, Broccoli, Tomaten, Kopfsalat, Herz und Leber vom Huhn
Pantothensäure		Leber, Fleisch, Fisch, Getreide, Obst und Gemüse
Folsäure		Leber, Hefe und Gemüse

treten krankhafte Vergrößerungen der roten Blutkörperchen, Durchfall, Entzündungen der Mundschleimhaut und Störungen der Knochenmarksfunktion auf. Damit eine Unterversorgung aber gar nicht erst auftreten kann, sollte unser Speiseplan auf jedem Fall Grüngemüse, Vollkornerzeugnisse, Fleisch, Weizenkeimlinge, Sojabohnen und Milchprodukte enthalten.
Biotin ist zum Aufbau von Fettsäuren und zur Neubildung von Glucose im Körper notwendig. Gleichzeitig steuert Biotin andere zentrale Stoffwechselprozesse mit. Sojabohnen enthalten nicht nur Folsäure, sondern genauso wie Leber und Niere auch Biotin.
Pantothensäure spielt bei der Bildung von energiereichen Verbindungen im Stoffwechsel von Eiweiß, Kohlenhydraten und Fetten eine entscheidende Rolle und wirkt bei der Bildung von Hormonen, Cholesterin und Fettsäuren mit. Die wichtigsten Lieferanten für Pantothensäure sind Leber, Fisch, Fleisch, Milch und Milchprodukte, Vollkornerzeugnisse und Hülsenfrüchte. Mangelerscheinungen im Zusammenhang mit Biotin und Pantothensäure nicht bekannt.

Die nebenstehende Tabelle zeigt Ihnen noch einmal auf einen Blick, welche unerläßlichen Nahrungsmittel regelmäßig in Ihrem Speiseplan enthalten sein sollten, um eine ausreichende Vitaminversorgung zu garantieren.

Mineralstoffe

Also, Vitamine sind lebenswichtig für uns. Aber ebenso unverzichtbar sind auch Mineralstoffe bzw. -salze, auch Elektrolyte genannt. Es handelt sich um anorganische Substanzen, die an vielen Funktionen des Körpers entscheidend teilhaben. Zugleich sind sie an der Aufrechterhaltung des Wasserhaushaltes im Körper beteiligt. Zwar sind weder alle Funktionen noch die gesamte Bedeutung der Mineralstoffe bekannt, doch eine ihrer vornehmsten Aufgaben ist die Mit-

wirkung bei Enzymreaktionen im Stoffwechsel. Genauso unerläßlich sind sie für unsere Muskelfunktionen, denn sie regulieren die Muskelerregbarkeit, die Nervenfunktion, greifen in die Hirnfunktion ein und dienen nicht zuletzt der Stützfunktion im Skelett.
Während die Mineralstoffe in großen Mengen in unseren Körpern vorhanden sind, gleichzeitig aber auch in großen Mengen zugeführt werden müssen, befinden sich die Spurenelemente, dabei handelt es sich ebenfalls um Mineralstoffe, nur in geringem Maße in unseren Körpern und müssen dementsprechend auch nur in kleinen Mengen zugeführt werden.
Bei ungenügender Zufuhr von Mineralstoffen treten wie bei den Vitaminen Mangelerscheinungen auf.

Kalzium ist ein Bestandteil der Knochen und Zähne. Wichtig für die Nervenerregung und Muskelkontraktion. Zugleich ist es an der Blutgerinnung beteiligt. Kalziummangel führt häufig zu Osteoporose, vermehrten Knochenbrüchen, Muskellähmungen und spontanen Blutungen. Nicht umsonst heißt es also: „Trink Milch und bleib gesund." Milchprodukte sind natürlich ebensogut.
Magnesium hat eine bedeutende Funktion bezüglich unseres Knochenwachstums und -aufbaus. Zusammen mit Kalzium gewährleistet es die Nervenimpulse, aktiviert viele Enzyme und ist am Aufbau von Proteinen und bei der Energiefreisetzung aus Glykogen beteiligt. Fehlt das eine oder andere, kommt es zu Muskelkrämpfen, Kribbeln in den Extremitäten, Herzrhythmusstörungen und Schlaflosigkeit.
Eisen wirkt am Aufbau des Blutfarbstoffes Hämoglobin und des Muskelfarbstoffes Myoglobin mit. Als Teil der roten Blutkörperchen ist es für den Sauerstofftransport in die Zellen verantwortlich. Auch hier sind Vollkornerzeugnisse, Milch und Milchprodukte, Fleisch, Fisch, Obst und Gemüse Bezugsquellen für unsere Magnesiumversorgung. Was meinen Sie wohl, weshalb wir als Kinder immer Spinat essen mußten? Richtig, Spinat enthält viel Eisen. Andernfalls machen sich Müdigkeit, Anämie (Blutarmut), Kurzatmigkeit, Schwäche und Sauerstoffmangel bemerkbar. Aber auch hier finden wir wieder Fleisch, Leber, Gemüse, Hülsenfrüchte und Vollkornpro-

dukte als „Eisenträger". Übrigens, Vitamin C fördert die Eisenaufnahme.

Fluor ist für den Zahnschmelz und die Knochen unabdingbar und Jod ein wichtiges Element der Schilddrüsenhormone. Daneben ist es für die Stoffwechselregulation und normale geschlechtliche Reproduktion mitverantwortlich – ein Mangel führt zum Kropf mit erniedrigter Schilddrüsenhormonbildung. Vor allem Brunnenkresse, Seefisch und Meeresfrüchte enthalten die notwendige Menge Jod, um unseren Bedarf zu decken.

Natriumchlorid, auch Kochsalz genannt, liegt in erster Linie außerhalb der Zellen vor; beteiligt an der Regulation des Wasserhaushaltes, des Säure-Basen-Gleichgewichts und an den Druckverhältnissen der Körperflüssigkeit. Außerdem wirkt es an der Muskel- und Nervenerregbarkeit sowie an der Aktivierung von Enzymen mit. Ausgeschieden wird das Natriumchlorid über den Schweiß und zum Teil auch über den Urin. Durch eine geringe Natriumkonzentration kommt es zu einer geringeren Wasserbindung im Körper, der sogenannten Dehydration mit zusätzlichem Elektrolytverlust. Das wiederum führt zu Muskelkrämpfen und zu einer gestörten Muskel- und Nervenfunktion. Roggenbrot, Mettwurst, roher Schinken (endlich mal etwas anderes) und Salzheringe sind diesbezüglich sehr empfehlenswert.

Kalium dient unter anderem zur Erhaltung des Elektrolyt- und Flüssigkeitsgleichgewichts, der Nervenerregungsübertragung und zum Aufbau energiereicher Substanzen. Außerdem ist es für die normale Muskeltätigkeit, vor allem am Herzen, lebenswichtig. Die Folge einer Unterversorgung mit Kalium sind Herzrhythmusstörungen, Muskelschwäche und -krämpfe sowie Lungen- und Nierenversagen. Achtung, Sportler: Der Kaliumverlust durch Schwitzen ist beträchtlich. Und auch hier haben wir wieder die Hülsenfrüchte, Obst, Weizenkeime, Nüsse, Trockenfrüchte und Bananen als Kaliumspender.

Phosphor ist wichtig beim Aufbau von Knochen und Zähnen. Phosphor ist aber auch an der Energieproduktion und -übertragung aus den Nährstoffen und am Aufbau der genetischen Informationen DNA und RNA beteiligt. Ferner am Ausgleich des Säure-Basen-Haushalts. Mangelerscheinungen: Schwäche, Müdigkeit, Gliederschmerzen und gestörter Knochenstoffwechsel. Reichlich enthalten

ist Phosphor in Weizenkeimen, Hülsenfrüchten, Getreidevollkorn, Fleisch, Fisch, Leber, Milch und Milchprodukten und Nüssen.
Kupfer. Der Wert dieses Minerals liegt in erster Linie in seiner Beteiligung an der Bildung von roten Blutkörperchen und der Aktivierung von verschiedenen Enzymen des Stoffwechsels. Mangelerscheinungen sind nicht genau bekannt. Möglich sind jedoch Anämie, mangelhafte Knochen- und Nierenentwicklung, eingeschränkte Sehnen- und Gefäßelastizität, abnormale Lungenentwicklung, Veränderungen der Haarstruktur und Pigmentationsschäden.

Tabelle 2: Nahrungsmittel mit hohem Mineralstoffgehalt

Mineralstoffe	In hohem Maße enthalten
Calcium	Milchprodukte, Mandeln, Nüsse, Hülsenfrüchte und Gemüse
Phosphor	Weizenkeime, Hülsenfrüchte, Milchprodukte, Leber, Fisch und Fleisch
Magnesium	Hülsenfrüchte, Gemüse, Nüsse, Milchprodukte und Bierhefe
Kochsalz	Salzheringe, Pökelfleisch, Räucherfleisch und -fisch, Schinken, Kaviar, Käse, Wurst, Brot und leider auch Konserven
Kalium	Hülsenfrüchte, Gemüse, Obst, Weizenkeime, Nüsse und Trockenfrüchte
Jod	Seefische, Meeresfrüchte, Leber und jodhaltiges Speisesalz
Eisen	Leber, Niere, Fleisch, Weizenkeime, Vollkorngetreide und Gemüse
Fluor	Fisch, Meerestiere, Fleisch, Gemüse und Nüsse
Natrium	Speck, Schinken, Wurst und Käse

Ich gebe zu, die Symptome bei Vitamin- und Mineralstoffmangel klingen zum Teil wirklich furchterregend, aber dem kann man schließlich vorbeugen. Mit anderen Worten, wir müssen eine ganze Menge Vitamine und Mineralien zu uns nehmen, um störungsfrei zu funktionieren. Verstärkt tritt dieser Nährstoffbedarf natürlich dann auf, wenn man regelmäßig Sport treibt. Greifen Sie jedoch aus Bequemlichkeit nicht zu Substitutionspräparaten, der Bedarf deckt sich nämlich in der Regel durch die vermehrte Nahrungsaufnahme, die Voraussetzung für den erhöhten Energieverbrauch ist. Bedingung ist allerdings in beiden Fällen, daß die Ernährung ausgewogen ist.
In der folgenden Tabelle ist noch einmal zusammengefaßt, welche Nahrungsmittel für Ihren Speisenplan wichtig sind, um eine ausgewogene Ernährung und eine ausreichende Mineralstoffversorgung zu garantieren.

Kohlenhydrate, Glykogen und Fettstoffe

Der Nährwert unserer Lebensmittel wird primär in Energie und die wiederum in Kilokalorien oder Kilojoule gemessen. Unser Organismus setzt diese Energie im Stoffwechsel, also in der Verdauung, zu Brennstoff beziehungsweise in Bausteine zum Auf-, Um- und Abbau seiner Substanzen um. Die drei wichtigsten Grundbausteine sind Kohlenhydrate, Eiweiß und Fett. Dabei hängt der individuelle Grundbedarf von Alter, Geschlecht, Körpergröße und Gewicht ab.
Die Energiegewinnung erfolgt am schnellsten über die **Kohlenhydrate.** Dabei handelt es sich um Nährstoffe, die von Pflanzen gebildet werden und in Lebensmittel vorwiegend in Form von Zucker (Obst) oder Stärke (u.a. in Kartoffeln, Getreide, Getreideprodukte und Hülsenfrüchte) auftreten und vom Körper zu Glucose abgebaut werden.
Auf diese Weise sollten etwa 65% des täglichen Energiebedarfs durch Kohlenhydrate abgedeckt werden.

Die überschüssige Energie wird im Körper in Form von Fett gespeichert. Wird dem Körper über einen längeren Zeitraum mehr Energie zugeführt, als er verarbeiten kann, kommt es zum Übergewicht.
In diesem Fall gibt es nur eins: Die unnötigen Fettpolster, lassen sich nur durch „FdH" und körperliche Betätigung wieder abbauen. Allerdings muß ich aus eigener Erfahrung dazu bemerken, daß es ein mühsamer und langwieriger Prozeß ist, obwohl es sich lohnt durchzuhalten.

Eine andere Energiespeicherform ist die Leberstärke **Glykogen,** ein sogenanntes Reservekohlenhydrat, das eben in der Leber, aber auch in den Muskeln gespeichert wird und bei Belastung – wenn Sie sich beispielsweise aufraffen Sport zu treiben – zur schnelleren Energiebereitstellung dient.
Doch kommen wir zur entsprechenden Ernährung. Da haben wir zu erst einmal das Getreide und Getreideprodukte. Es enthält Stärke, Wasser, Fett, Ballast- und Mineralstoffe. Außerdem sind im Getreide viele lebenswichtige Vitamine enthalten, vor allem die der B-Gruppe. In Kombination mit Hülsenfrüchten, wie dicken Bohnen, Linsen und Erbsen, liefern Getreide und Getreideprodukte qualitativ so hochwertiges Eiweiß, daß man auf Fleisch durchaus verzichten kann. Die Meinung, daß ein „richtiger" Mann viel Fleisch braucht, ist ein längst überholt.
Eine ideale Ergänzung zu Getreide und Hülsenfrüchten ist Gemüse jeder Art, denn es enthält alle im Getreide fehlenden Vitamine und Mineralstoffe. Und dank der vielfältigen Zubereitungsmöglichkeiten eignet es sich für jeden Geschmack.
Hülsenfrüchte werden übrigens zu Unrecht häufig unterschätzt. Dabei bieten sie neben vielen Mineralstoffen und Vitaminen hochwertiges Eiweiß. Und Eiweiß baut auf. Ein Gramm Protein liefert genausoviel Energie wie die Kohlenhydrate, nämlich 4,1 Kilokalorien. Bei der Energiegewinnung spielt es keine Rolle, ob es sich um pflanzliches oder tierisches Eiweiß handelt. Tierisches Eiweiß ist jedoch ein wesentlicher Bestandteil von Enzymen, Hormonen und Antikörpern. Gleichzeitig fungiert es als Trägersubstanz des Erbmaterials. Deshalb sollte unser Essen neben den pflanzlichen Nah-

rungsmitteln, die zum Teil auch über eine hochwertige Proteinkonzentration verfügen, Eier, Milch, Milchprodukte, Fisch, Schalentiere und mageres Fleisch enthalten.

Der dritte Energieträger ist das Fett. Es liefert die meiste Energie, nämlich 9,4 Kilokalorien pro Gramm. Als Träger der fettlöslichen Vitamine und Baustoff der Zellwände (Haut) können wir allerdings nicht auf ein gewisses Maß an Fett verzichten. Obendrein ist es Bestandteil von Hormonen und Gallensäuren.
Halten wir uns nicht an eine maßvolle und ausgewogene, sprich alles beinhaltende, Ernährungsweise leisten wir einem lebensbedrohlichen Risiko Vorschub: *Übergewicht.* Wer kennt nicht das „spannende" Gefühl, wenn die Hose in der Taille zwickt, das Hemd straff um Bauch und Hüften sitzt und am Hals der Kragen eng wird – deutlicher kann die Warnung eigentlich nicht sein. Daher ist es absolut ratsam, ihr zu folgen.
Übergewicht ist ein bedeutender Risikofaktor in bezug auf Erkrankungen des Herz-Kreislauf-Systems.
Besonders prädestiniert dafür sind Männer, bei denen sich die Fettpolster vor allem auf die Bauchregion konzentrieren – eine unliebsame Form der Verteilung, wie sie manchem unserer Leidensgenossen gut bekannt sein dürfte.
Allein durch die Normalisierung des Körpergewichts können häufig beachtliche Verbesserungen bei ernährungsbedingten langfristigen Schäden erzielt werden. Am häufigsten treten neben den koronaren Erkrankungen Bluthochdruck, Fettstoffwechselstörungen, Zuckerkrankheit, Gicht und Rücken-, Hüftgelenks- und Kniegelenkbeschwerden auf.

Wie kommt es zu diesen Folgekrankheiten? Nehmen wir den Herzinfarkt als Beispiel. Ein ganz wichtiger Faktor ist erst einmal, daß das Herz des Übergewichtigen bei Belastungen eine wesentlich höhere Leistung erbringen muß als das des Normalgewichtigen. Hinzu kommt, daß ein hoher Prozentsatz von Übergewichtigen unter einer Störung des Fettstoffwechsels leidet, wodurch es zu einer vorzeitigen Arteriosklerose kommen kann. Eigentliche Ursache sind jedoch

Durchblutungsstörungen mit folgendem Sauerstoffmangel, die zum Absterben von Herzmuskelgewebe führt. Alles zusammen ergibt leider die idealen Voraussetzungen für einen Herzinfarkt. Erhöht wird dieses Risiko noch durch Erbfaktoren, die freilich nicht von uns beeinflußbar sind.

Nachdem wir die Gefahren kennengelernt haben, die auf uns lauern, wenn wir ein paar Kilo zuviel auf den Hüften haben, ist es an dieser Stelle nur opportun, das Idealgewicht zum Thema zu machen. Eine einheitliche Definition des Begriffes Übergewicht gibt es allerdings nicht, da sich Geschlecht, Körpergröße, Alter und Konstitution sowie Änderungen des Energieverbrauchs nicht nur auf den Fettgehalt, sondern auch auf die fettfreie Körpermasse – wie Muskeln zum Beispiel – auswirken. Das bedeutet, daß das ideale Gewicht innerhalb einer relativ breiten Skala schwankt und individuell sehr verschieden sein kann. Wird allerdings diese Bandbreite deutlich über- oder unterschritten, kann es zu massiven gesundheitlichen Problemen kommen.
Geht man bei Männern davon aus, daß sich das Sollgewicht aus der Körpergröße in Zentimetern minus 100 = Sollgewicht in Kilogramm errechnet, kann man davon ausgehen, daß das Idealgewicht im Bereich von ± 10% des Sollgewichts liegt. Ich bin beispielsweise 170 cm groß und darf dementsprechend bei einem Sollgewicht von 70 kg zwischen 63 kg und 77 kg wiegen.
Man muß also nicht unbedingt das Idealgewicht anstreben, sondern versuchen, im individuellen Rahmen sein *Wohlfühlgewicht* zu finden. Während der Blick auf die Waage für den einen rein informativen Charakter besitzt, hängt für andere viel mehr davon ab. Besonders bei normalgewichtigen Männern, die zum kleinen Bauchansatz neigen, wirkt der Zeigerstand häufig als Gradmesser ihres Wohlbefindens.

Ungeliebt, doch oft probiert

Diäten

Schon in der Antike waren Diäten – damit meine ich natürlich nicht die Bezüge der Abgeordneten in unseren Bundes- und Länderparlamenten, obwohl es damals auch schon Verschwendung gab – ein Begriff. Allerdings hatte der Begriff Diät zu jener Zeit noch eine andere Gewichtung. Umschrieben die alten Griechen damit eine allgemeine gesunde Lebensweise, so ist heute eine Diät in erster Linie eine therapeutische Maßnahme, die bei Erkrankungen wie Diabetes, Nahrungsmittelallergien und Magen- und Darmkrankheiten angewandt wird.
Gleichzeitig verstehen wir unter einer Diät aber auch eine reduzierte Nahrungsaufnahme, um etwaige Gewichtsprobleme zu lösen. Auszugrenzen sind davon allerdings eine Reihe alternativer Kostformen, die teilweise den Anspruch erheben, eine heilende Wirkung zu haben, denn die Theorien, die diesen Kostformen zugrunde liegen, sind wissenschaftlich nicht mehr auf dem neuesten Stand.
Besonders positiv sind hingegen die Vollwerternährung und die vegetarische Kost zum Abnehmen zu bewerten.
Leider fällt die Entscheidung meistens jedoch zugunsten der am wenigsten geeigneten Möglichkeit der Gewichtsreduzierung aus. Die Rede ist von den überall propagierten Frühjahrs-, Sommer-, Herbst- und Winterdiäten oder wie auch immer all die Blitz- und Wunderdiäten genannt werden. Trotz ihrer bunten Vielfalt an Namen sind sie als Hilfsmittel zum Abnehmen völlig ungeeignet – es sei denn, man gibt sich mit einem kurzen Erfolg zufrieden.
Man nimmt zwar wie versprochen ab, doch hält der Erfolg nicht lange an – denn leider basiert er vor allem nur auf Flüssigkeitsverlusten. Mit anderen Worten, der Abbau des Fettgewebes ist wesentlich geringer als die beobachtete Gewichtsabnahme.
Häufig wird nach dem Absetzen der Diät sogar ein höheres Gewicht als vor Beginn verzeichnet: Fast jede Diät, egal wie weit oben das entsprechende Buch dazu auf der Bestsellerliste steht und ganz

gleich, ob sie Ihnen Bambussprossen oder Ananas empfiehlt, zieht wahre Freßanfälle nach sich.
Obendrein schaltet der Körper bei reduzierter Energiezuführung auf ein Notprogramm um. Das heißt, er produziert trotz der eingeschränkten Nahrungszufuhr die notwendige Energie, indem er die Nahrung besonders effektiv verwertet. Dieses Programm haben unsere Vorfahren in Zeiten erlernt, in denen ausreichende Nahrung nicht immer gesichert war. Die genetische Information ist auch an uns, die wir wahrlich nicht an Nahrungsmangel leiden, ergangen. Logischerweise greift der Körper erst auf die Reserven zurück, wenn selbst der Verbrauch auf Sparflamme nicht ausreicht, die Lebensfunktionen zu sichern. Dann erst erreichen wird die beabsichtigte Gewichtsreduktion. Wird jedoch nach Beendigung der Diät wieder normal gegessen, stellt der Körper, wie wir bereits festgestellt haben, seinen Verbrauch nicht so schnell darauf ein, daß die „harten Zeiten" vorbei sind. Die Folge ist eine besonders effektive Anreicherung von Speicherfett, das als Pölsterchen wieder sichtbar wird.
Noch gravierender sind die Auswirkungen, wenn Sie pharmazeutische Produkte zu Hilfe nehmen, um etwaige Hungergefühle zu unterdrücken. Appetitzügler machen auf die Dauer süchtig und führen teilweise zu schweren Mangelerscheinungen.
Wer also wirklich sein Gewicht reduzieren möchte oder aus gesundheitlichen Gründen muß, sollte es über Vollwertkost beziehungsweise vegetarische Küche tun oder seinen Arzt nach anderen Möglichkeiten befragen.
Zwei Dinge, die man in jedem Fall beachten muß, sind:
1. Nur Durchhaltevermögen bei der langfristigen Ernährungsumstellung sichert eine dauerhafte Gewichtsreduktion.
2. Eine ganz allmähliche Reduzierung der Nahrungsmenge „überlistet" unseren Organismus, damit er nicht mit seinem Notprogramm reagiert.

Das **Fasten** ist eine ebenfalls optimale Gelegenheit, abzunehmen und gleichzeitig seinen Körper zu entschlacken und zu entgiften. Eine Faustregel besagt übrigens: Fasten ist nicht Hungern. Wer hungert, fastet nicht.

Es gibt verschiedene Formen des Fastens: Beim Wasserfasten kann man gutes Quell- oder Mineralwasser in unbegrenzten Mengen zu sich nehmen.
Die Nulldiät ist ebenfalls eine Form des Wasserfastens. Allerdings werden in diesem Fall dem Wasser Vitamine und Mineralsalz-Tabletten zugefügt.
Teefasten erlaubt es, dreimal täglich eine Tasse Kräutertee aus verschiedenen Kräutern zu trinken. Diese Form des Fastens hat den Vorteil, daß dem Körper etwas Warmes zugeführt wird.
Für Menschen mit empfindlichem Magen und Darm eignet sich das Schleimfasten am besten.
Die ideale Form ist jedoch das Buchinger-Fasten oder Tee-Saft-Fasten. Dabei umfaßt der „Speiseplan" neben Kräutertees auch heiße Gemüsebrühen, Obst- und Gemüsesäfte.
Wer meint, daß er eine Woche ohne feste Nahrung aushält und sich für eine Form des Fastens entscheidet, dem empfehle ich unbedingt zuvor ein Gespräch mit seinem Arzt.
Grundsätzlich sollten Sie sich aber über eins von vornherein im klaren sein, es ist nicht allein damit getan, nichts zu essen! Der Ablauf der Diät sieht folgendermaßen aus: Der erste Tag ist ein Entlastungstag, an dem Sie möglichst nur Obst, Reis oder Rohkost und dreimal einen Löffel Leinsamen zu sich nehmen dürfen. Dann folgen fünf Tage, an denen Sie je 1/4 Liter Obst- oder Gemüsesaft beziehungsweise Brühe und soviel Mineralwasser trinken dürfen, wie Sie wollen. Je mehr Mineralwasser Sie trinken, um so besser ist es. Den Abschluß bilden zwei Aufbautage mit leichter vegetarischer Kost, damit sich der Organismus wieder umstellen kann.
Allerdings sollten diese Kuren nicht allzuoft durchgeführt werden, um unter anderem den Kreislauf nicht zu sehr zu belasten.

Ein **Obsttag,** der sich auch über zwei Tage erstrecken kann, ist eine andere Möglichkeit, den Körper mit etwas weniger Willenskraft zu entschlacken. Obst ist bekanntlich reich an Vitaminen, Mineral- und Ballaststoffen. An einem Obsttag sollten Sie bis zu zwei Kilogramm frisches rohes Obst zu sich nehmen, denn roh genossen entfaltet es seine volle Wirkung. Der hohe Kaliumgehalt entwässert den Körper.

Dazu sollten Sie reichlich Mineralwasser und Kräutertee trinken. Diese Kurzkuren können regelmäßig durchgeführt werden. Besonders geeignet für die Obsttage sind Wochenenden, an denen Sie viel schlafen und spazierengehen können.

Der **Safttag** ist noch effektiver als ein Obsttag. Allerdings müssen Sie dabei mit unangenehmen Hungergefühlen rechnen. Sie dürfen nämlich höchstens 3/4 Liter frisch gepreßten Obst- und Gemüsesaft und zusätzlich Mineralwasser und Kräutertee zu sich nehmen. Auch für den Safttag eignet sich ein Wochenende am besten, denn Sie sollten sich möglichst schonen. Länger als einen Tag sollten Sie jedoch keinesfalls kuren.

Ballaststoffe

Durch einen Verbrennungsprozeß entstehen Schlacken. Im Verdauungsfall besteht diese Schlacke aus pflanzlichen Zellbestandteilen, die zwar sättigend wirken, jedoch keine Kalorien und damit keine Energie liefern. Ihre Aufgabe besteht vielmehr in der Förderung des Verdauungsprozesses und im zügigen Abtransport der Stoffwechselprodukte. Wer ausreichend Vollkorn, rohes Gemüse und Obst ißt, wird also kaum mehr unter Verdauungsschwierigkeiten leiden.
Pro Tag sollte ein Erwachsener etwa 30 Gramm Ballaststoffe zu sich nehmen.
Als besonders reich an Ballaststoffen bieten sich übrigens Getreide, Getreideprodukte aus Vollkorn, Naturreis, Hülsenfrüchte, Gemüse und Obst an. So manches vergessene Getreide wie Dinkel, Grünkern u. ä. hat seine Renaissance im Zuge der Vollwertkost erlebt, um den Speiseplan an Ballaststoffen zu erweitern.

Lebensnotwendig und gefährlich zugleich

Cholesterin

Cholesterin ist ein körpereigener, lebensnotwendiger Stoff, der vom Körper selbst gebildet wird. Ein erhöhter Cholesterinspiegel im Blut kann jedoch langfristig zur tödlichen Gefahr werden. Deshalb sollten wir täglich nicht mehr als 300 Gramm zusätzlich mit unserer Nahrung zu uns nehmen. Es ist nämlich wissenschaftlich belegt, daß eine ständig erhöhte Zufuhr eine der Hauptursachen für die Entstehung von Arteriosklerose und Herz-Kreislauf-Erkrankungen ist. Bei einem Cholesterinwert, der unter dem Normalwert von 200 mg pro 100 ml Blut liegt, ist alles in Ordnung. Liegt der Cholesterinwert jedoch darüber, steigt das Risiko, und Werte über 260 mg führen dazu, daß es zu Ablagerungen in den Blutgefäßen kommt und diese unelastisch und verengt werden, was einen Herzinfarkt oder einen Schlaganfall zur Folge haben kann.Wenn Sie also Ihren Cholesterinspiegel noch nicht kennen, sollten Sie ihn unbedingt bei Ihrem Hausarzt überprüfen lassen.

Eigentlich ist es ganz einfach, sich cholesterinarm zu ernähren. Entscheidend ist dabei nur, daß wir auf Innereien, fette Fleisch- und Wurstwaren, fette Milch und Käseprodukte sowie auf Krustentiere und das „tägliche“ Frühstücksei, das Sie sich für sonntags reservieren sollten, verzichten.

Dafür warten andere kulinarische Genüsse aus der Vollwert- beziehungsweise vegetarischen Küche auf Sie. Wie wir wissen, bevorzugen beide Ernährungsformen Gemüse und Getreideprodukte, die kein Cholesterin, aber dafür bekanntlich um so mehr Ballaststoffe, Vitamine und Mineralien enthalten. Allerdings sollten Sie bei Rezepten, die reichlich Eier und Sahne enthalten, vorsichtig sein, denn um wirklich cholesterinarm zu essen, sind schonende Zubereitungsarten angesagt: Garen in der Folie oder in der Mikrowelle sollte dabei ebenso selbstverständlich sein wie die Verwendung von pflanzlichen Fetten. Das heißt natürlich nicht, daß Sie kein Fleisch essen dürfen – aber möglichst nur als Beilage zum Gemüse.

Eine ausgewogene oder vollwertige Ernährung kennt prinzipiell keine strikten Gebote oder Verbote. Jeder kann unter Berücksichtigung der in diesem Kapitel genannten Empfehlungen essen und trinken, was ihm Spaß macht, und vor allem, was ihm schmeckt.
Wer also Obst, Gemüse und Vollkornprodukte – Sie müssen sich dabei jedoch absolut nicht zum „Körndlfresser" entwickeln – in den Mittelpunkt seiner Ernährung stellt und seinen Alkohol und Nikotinkonsum stark einschränkt und Süßigkeiten und Zucker nur als gelegentliches Vergnügen versteht, leistet damit einen wesentlichen Beitrag zur Erhaltung seiner Gesundheit.
Wichtig ist vor allem, daß die bedarfsgerechte tägliche Zufuhr von Vitaminen, Mineral- und Ballaststoffen und Kalorien eingehalten wird. Letzteres können Sie mittels eines regelmäßigen Blicks auf die Skala ihrer Waage überprüfen – vorausgesetzt natürlich, Sie stehen drauf –, denn Veränderungen des Gewichts zeigen an, ob Sie sich richtig oder falsch ernähren.
* Statt morgens gar nichts, mittags irgend etwas und abends eine ganze Menge zu essen, sollten Sie Ihre Nahrungsaufnahme auf fünf kleine Mahlzeiten täglich verteilen. Dadurch haben Sie die Gewähr, sich den ganzen Tag über fit zu fühlen.
* Achten Sie darauf, daß die Zubereitung möglichst nährstoffschonend erfolgt.

Und nun noch ein Wort zu unseren liebsten Giften: Alkohol und Nikotin.
Jeder Tropfen **Alkohol** muß in der Leber umgesetzt werden, wodurch unser unersetzliches – Lebertransplantationen sind nicht durchführbar – Entgiftungsorgan unnötig belastet wird. Zwar machen uns ein Glas Bier oder Whiskey noch nicht krank, aber sobald es zum Abusus kommt, ist die Leber in akuter Gefahr: Sie verfettet, kann ihre Aufgabe nicht mehr erfüllen, und schließlich kommt es zur Leberzirrhose, einer Leberverhärtung. Dabei kommt es häufig zum völligen Absterben der Leberzellen und zur Schrumpfung. Na dann, zum Wohl!
Abgesehen von diesen furchtbaren Folgen, liefert der Alkohol zwar Kalorien, enthält aber keine sonstigen Nährstoffe. Zudem

wird die Aufnahme von Proteinen und B-Vitaminen gestört, bis es zu massiven Mangelerscheinungen kommt.
Etwas Positives hat der Alkohol jedoch auch, denn abgesehen von seinem „aufmunternden“ Effekt, kann er auch eine günstige Wirkung auf den Cholesterinspiegel und bei niedrigem Blutdruck haben.
Das heißt jedoch nicht, daß Ihr Cholesterinspiegel zu hoch und Ihr Blutdruck zu niedrig ist, nur weil Sie Lust auf einen Drink haben!
Mit dem **Nikotin** ist es ähnlich. Die Augenscheinlichen Schäden wirken dabei auf den ersten Blick noch relativ harmlos: erweiterte Poren, graue Haut und sprödes Haar machen uns zwar nicht gerade attraktiver, doch viel verheerender sind die Folgen für unseren Organismus. Arteriosklerose, Unterversorgung mit Sauerstoff, Mangel an Vitamin B und C und eine Verminderung der Abwehrkräfte, von der Gefahr verstärkter Tumorbildung ganz zu schweigen.
Wer also seine Gesundheit erhalten und seine Leistungsfähigkeit konsequent aufbauen will, hat nur eine Möglichkeit: Hände weg von den Glimmstengeln!

Sollte ich Ihnen mit diesem Kapitel den Appetit verdorben haben, bitte ich Sie vielmals um Entschuldigung.
Mein Ansinnen war lediglich, Ihnen einen Spiegel vor Augen zu halten. Wenn Sie sich und Ihre Sünden wiedererkannt haben, steht einer gesünderen Lebensweise nichts mehr im Wege – in ein paar Monaten ist sie Ihnen garantiert in Fleisch und Blut übergegangen, und beide werden es Ihnen danken.

Kosmetik und Körperpflege

Unser größtes Organ

Die Haut

Haben Sie sich schon einmal überlegt, welche Rolle die Haut in Ihrem Leben spielt? Falls nicht, wird es höchste Zeit, denn immerhin handelt es sich im wahrsten Sinne des Wortes um das größte Organ unserer Körpers. Ihre Oberfläche beträgt bis zu zwei Quadratmetern, und ihr Gewicht macht 7 bis 20 Prozent des Gesamtkörpergewichts aus. Bei einem Körpergewicht von 75 Kilogramm entfallen beispielsweise 5 bis 15 Kilogramm auf die Haut.
Daß es sich dabei obendrein noch um ein Wunderwerk handelt, wie es nur die Natur zustande bringen kann, ist uns kaum bewußt: Die Haut ist weich und zugleich elastisch, stoßfest und wasserdicht. Sie dient als Schutzschild gegen Krankheitserreger, Witterungs- und Umwelteinflüsse, und ohne die drei Millionen Schmerzrezeptoren wären wir nicht gegen Verletzungen gefeit. Aber das ist noch nicht alles. Erst ihre 800 000 Tastsensoren ermöglichen es uns, Streicheleinheiten und Berührungen zu empfinden.

Die vielseitigen Aufgaben, denen unsere Haut gerecht werden muß, setzen einen differenzierten Aufbau voraus. Dementsprechend besteht unsere Haut aus drei Schichten. Die **Unterhaut** und das Fettgewebe liegen am tiefsten. Darüber liegt die stärkste Schicht, die Lederhaut. Eingebettet in ihr ruhen Haarwurzeln, Schweiß- und Talgdrüsen. An manchen Körperstellen, wie im Gesicht, an der Brust, auf der Kopfhaut und im oberen Bereich des Rückens, liegen diese mit den Haaren verbundenen Drüsen dichter zusammen als an anderen. Ihre Collagenfasern und flexiblen Fasernetze verleihen der Haut Halt und Elastizität.

Die **Lederhaut** versorgt nicht nur sich selbst mit Sauerstoff und allen notwendigen Nährstoffen, sondern auch die oberste Schicht, die Oberhaut, in der die Nervenenden liegen. Das geht problemlos, denn die beiden Hautschichten greifen kammartig ineinander. Die auf diese Weise verzahnten Grenzflächen sind so groß, daß sich die Kapillaren der Lederhaut überall wie kleine Pinsel in der Oberhaut ausbreiten können. Die kleinen Sauerstoffmoleküle reisen also huckepack auf den roten Blutkörperchen durch die Gefäße, biegen in die immer feiner werdenden Kanäle ab, um schließlich durch die Gefäßwand ins Gewebe der Oberhaut zu schlüpfen. Eine gutdurchblutete Haut sieht dementsprechend frisch und rosig aus.

Die **Oberhaut** selbst besteht ebenfalls aus mehreren Schichten, wobei die oberste aus abgestorbenen Zellen besteht, denn das Gewebe ist in ständigem Erneuerungsprozeß begriffen. Im Rhythmus von drei bis vier Wochen bilden die Mutterzellen in der Keimschicht ihr exaktes Ebenbild und schicken es auf die Reise nach oben. Nach ungefähr einem Monat hat die Zelle die Hautoberfläche erreicht. Unterwegs wird sie immer kompakter, bis sie schließlich nur noch aus Horn besteht. Zusammen bilden diese toten Hornzellen, die wie die Steine einer Mauer übereinandergeschichtet sind, eine Barriere, die unser Körperinneres vor dem Austrocknen und den bereits genannten äußeren Einflüssen schützt. Die oberste Lage dieser Hornschicht löst sich einmal am Tag ab, wobei immerhin etwa zwei Milliarden Schuppen mit einem Gesamtgewicht von etwa zehn Gramm frei werden. Ohne diese permanente Umschichtung bekämen wir im Laufe der Zeit einen regelrechten Panzer oder zumindestens das häufig ersehnte dicke Fell.

Gerade in den letzten Jahren sind die Dermatologen zu neuen Erkenntnissen bezüglich der geheimnisvollen Dynamik zwischen unseren Hornzellen gekommen. In den wässerigen Zellzwischenräumen scheiden die nach oben strebenden Zellen kurz vor ihrer Verhornung zahlreiche Wirkstoffe ab. Dabei handelt es sich in erster Linie um die sogenannten Lipide (Fette) und Lipoproteine (Fett-Eiweiß-Verbindungen). Aus ihnen setzt sich der Zellzement zusammen, der die Zellen zusammenhält. Wäre das nicht der Fall, würden die Hornzellen auseinanderklaffen und die Haut zuviel Feuchtigkeit verlieren. Dadurch würde sie rauh und rissig werden. So aber bildet sie auf ihrer Oberfläche einen Film, der aus den Absonderungen der Hornschicht und den Talg- und Schweißdrüsen besteht. Er schützt nicht nur vor dem Austrocknen, sondern durch seinem sauren ph-Wert auch vor aggressiven Substanzen, Mikroben und Pilzen.Ist dieser Hautschutzfilm intakt, haben schädliche Bakterien kaum eine Chance. Sobald sich jedoch die Lebensbedingungen der eigenen Hautkeime verändern, respektive in Unordnung geraten, bildet sich ein idealer Nährboden für Entzündungen, Ekzeme und andere Hautleiden. Wir sind, auch wenn wir uns für noch so gepflegt halten, von ganzen Heerscharen von Keimen besiedelt. Bei einem gesunden Menschen geht die Wissenschaft zum Beispiel von schätzungsweise 11 Billionen Hautflächenbakterien aus. Doch keine Angst, die „Jungs“ haben nur Gutes im Sinn – unsere Verteidigung.
Im Laufe des Lebens läßt die Hautfunktion und damit das Schutzsystem der Haut nach. Das bedeutet, daß die sachgerechte Pflege eine immer größere Rolle zur Prophylaxe spielt. Hinzu kommen die Gefahren durch Umweltschadstoffe, die häufig Auslöser für Reaktionen wie Allergien sind.

Unsere Haut ist also nicht nur „Wetterschutz“, sondern in seinen Strukturen ein Körperorgan mit außergewöhnlichem Leistungsspektrum.
Die Praxis der Pflege ist nicht weniger komplex. Bevor wir jedoch ins Detail gehen, noch eine Bemerkung zum Thema Hauterkrankungen. Das Waschen mit herkömmlicher Seife zerstört den Hautfilm, der unseren Schutz bildet. Bei gesunder Haut dauert es ungefähr eine

Stunde, bis die intakte Schicht wiederhergestellt ist. Wer empfindliche Haut hat oder unter irgendwelchen Hauterkrankungen wie Ekzemen leidet, sollte sich daher mit einer alkalifreien Seife oder mit einem Syndet waschen, denn dadurch wird der Säureschutzmantel weniger angegriffen.
Ehe wir uns mit der detaillierten Pflege unseres Körpers beschäftigen, noch ein Wort zur Ursache unserer optischen Veränderung oder, besser gesagt, zum Alterungsprozeß unserer Haut – wir können ihn hinauszögern, aber aufhalten können wir ihn nicht. Es sind nämlich die Erbanlagen, die zum größten Teil den Ablauf des Alterungsprozesses der Haut bestimmen. Nur etwa ein Drittel hängt von unserem individuellen Verhalten in bezug auf Lebensführung, Pflege und vor allem der Ernährung ab.
Die Wandlungen treten in erster Linie in der Lederhaut auf, weil sich die Collagenfasern im Laufe der Jahre immer langsamer regenerieren. Dadurch vermindert sich die Elastizität der Haut. In der Folge nimmt die Turgor, also die „Prallheit“ des Bindegewebes ab, die darüberliegende Oberhaut (Epidermis) verliert dadurch an Glätte, Geschmeidigkeit und Spannung. Die Epidermis ihrerseits ist der Hautanteil, der überwiegend die Funktion der Speicherung von Lipiden und Feuchtigkeit dient. Die Oberhaut des jungen Menschen hat etwa sechs bis sieben Zellagen. Im Laufe des Lebens nimmt diese Zahl jedoch langsam ab. Daraus resultiert eine verminderte Speichermöglichkeit von Lipiden und Feuchtigkeit. Die Haut erscheint deshalb trockener und wird rissig. Eine verminderte Hautdurchblutung führt zusätzlich zu einer verringerten Versorgung der Hautschichten mit wichtigen Stoffen, die Folge davon ist ein sukzessiver Abbau (Athropie) der Haut.

Soweit also die Theorie. Ich glaube, bei einem so kompliziert funktionierenden Organ wie unserer Haut ist eine gründliche und gewissenhafte Pflege wohl kaum noch in Frage zu stellen – auch wenn noch immer die Meinung geläufig ist, daß Männerhaut robust genug sei, um ohne Pflege auszukommen. Doch das ist nur ein leider weitverbreiteter Irrtum.

Obwohl die Epidermis des Mannes ganz besonders stark ausgeprägt ist – sie ist um 15% dicker und in den ersten 30 Lebensjahren widerstandsfähiger als die der Frau – aber dafür ist das Unterhautfettgewebe schwächer ausgebildet. Dadurch ist unsere Haut weniger elastisch und erschlafft um so gründlicher. Darum hilft nur eins: pflegen, pflegen, pflegen.

Eine Bemerkung zur Männlichkeit

Obwohl ein großer Teil der Pflege unserer Haut, der Haare und der Nägel von innen heraus, also über die ausgewogene Ernährung, geschieht, noch ein ernstes Wort zur Hygiene: Da die „Platzverhältnisse" in der Region unseres edelsten Körperteils relativ beschränkt sind, wird beispielsweise zwischen den Oberschenkeln und Hoden besonders viel Schweiß abgesondert – was, wie Sie sich vorstellen können, nicht sehr erotisierend wirkt. Aber das ist es natürlich nicht allein: Auch aus gesundheitlichen Gründen ist eine sorgsame Intimhygiene dringend anzuraten. Oder wollen Sie bösen Behauptungen vieler Frauen Vorschub leisten, daß wir Männer diesen Bereich der Körperpflege geflissentlich unter die Badezimmermatte kehren würden? Es ist keinesfalls unmännlich und überflüssig, auch dort, wo wir am männlichsten sind, nicht „stinknormal" zu sein.
Doch kommen wir zu den sichtbaren Zonen, die ebenso gründlicher Wartung bedürfen.

Mann, bist du gepflegt!

Bis in die 50er Jahre galt der Ausspruch Hemingways, ein Mann habe nur nach Mann zu riechen. Rasierwasser und Pomaden folgten erst in den 60ern und entwickelten sich in den folgenden Jahren zu „Einstiegsdrogen“ für Seifenverwender. Je erfolgreicher der Mann heute ist, desto beanspruchter ist seine Haut. Aber wer möchte sich den Streß schon gern vom Gesicht ablesen lassen. Die fahle Haut des Bürohengstes ist out – seit es Kosmetik auch für uns Männer gibt.

Im Mittelpunkt aller maskulinen Pflegelinien steht das Gesicht. Schließlich muß es als unser exponiertester Sympathieträger, wenn man von einigen anderen männlichen Vorzügen einmal absieht, besonders sorgfältig gepflegt wirken. Außerdem, und das ist im Prinzip wesentlich entscheidender, handelt es sich, von den Händen einmal abgesehen, um den wichtigsten, permanent Wind und Wetter ausgesetzten Teil unserer Körpers. Daß ferner auch Umweltgifte unter die Haut gehen, ist eine der traurigen Erkenntnisse der heutigen Wissenschaft, die wir leider selbst nicht ändern können. Aber etwas anders haben wir im Griff, und das ist ebenso gefährlich.

Jede Zigarette vermindert die Hautdurchblutung, und jeder Drink steuert Schadstoffe für die Haut bei, die den Alterungsprozeß fördern.

Um also mit vierzig noch wie ungeliftete neunundreißig auszusehen, bleibt Ihnen nichts anderes übrig, als sich zu pflegen – und das systematisch von Kopf bis Fuß.

Während wir jedoch etwaige körperliche Mängel durch geschickte Kleidung verbergen können, lassen sich die Makel in unserem Gesicht keinesfalls verheimlichen. Und wie unser ganzer Körper ist auch unsere Gesichtshaut einem natürlichen Alterungsprozeß unterworfen, den wir jedoch durch die entsprechende Pflege vor frühzeitigem Verfall bewahren können.

Nebenbei bemerkt, man unterscheidet drei Hauttypen. Die **fettige Haut** ist ziemlich dick, großporig und weist schon kurz nach der Reinigung wieder einen fettigen Glanz auf. Obendrein neigt sie häufig zu Unreinheiten wie Mitessern und verstopften Poren. Einen ganz entscheidenden Vorteil hat sie aber doch: Durch ihren Fettfilm trocknet sie weniger schnell aus, ist besser gegen Umwelteinflüsse geschützt und widerstandsfähiger. Dadurch bleibt sie von allen Hauttypen am längsten glatt.

Die **trockene Haut** ist feinporig und rosig. Aber mit zunehmender Alter, so ab 30, wird sie matt und rauh. Die Poren vergrößern sich und die Funktion der Talgdrüsen läßt nach. Damit ist kein ausreichender Schutz gegen Umwelteinflüsse mehr gegeben.
Die **normale Haut** ist eine Mischung aus fettiger und trockener Haut. Die Stirn, Nase und Kinn haben meist einen leicht fettigen Glanz, während die Seitenpartien eher trocken und feinporig sind.

Guten Morgen, Männer der Nacht

Wenn der Wecker klingelt, schlägt die Stunde der Wahrheit. Egal in welchem Zustand wir uns morgens befinden, es läßt sich nicht umgehen, daß wir den nackten Tatsachen ins Auge sehen und unserem hüllenlosen Spiegelbild gegenübertreten.
Mich fixierte „früher" jeden Morgen stumm das Elend: verquollene Augen zu Schlitzen verengt, dunkle Bartstoppeln um ein sanft geschwungenes Doppelkinn und Falten, die nicht allein von zerwühlten Kissen stammten – der Herr der Schöpfung im Zeichen der Zeit. Oder anders formuliert, mit dreißig sah ich älter aus als heute. Denn seit ich den Wert systematischer Pflege erkannt und meine Eß- und vor allem Trinkgewohnheiten dem fortschreitenden Alterungsprozeß entsprechend verändert habe, ist der morgendliche Wiedererkennungseffekt wesentlich größer geworden.
Wenn Sie also auch zu den Leuten gehören, die mit der Person nichts zu tun haben wollen, die Ihnen morgens verblüfft aus dem Spiegel entgegenstarrt, sollten Sie nicht wieder unter die warme Decke kriechen, sondern sich regelmäßig in die Hände von Fachleuten begeben. Damit meine ich, Sie brauchen nur noch eins, ein ausgeklügeltes Pflichtprogramm, die Kür allein reicht nicht mehr.
Ob Kurzprogramm, Luxuswoche auf einer Beauty-Farm oder Drei-Wochen-Power-Package, die Angebote sind vielfältig und für den Businessman von heute obligatorisch. Ich begebe mich zum Beispiel

seit drei Jahren regelmäßig – das heißt einmal im Monat – in die Obhut einer Kosmetikerin. Anfangs war es zwar noch ungewohnt, aber in der Zwischenzeit sind wir schon eine ganze Reihe Männer, die sich Mitesser ausdrücken, ihre Haut reinigen und Masken auftragen lassen.

Für die Männer, die sich noch nicht emanzipiert genug fühlen, um in die Domäne der Frauen einzudringen, habe ich nachfolgend ein paar Tips zur richtigen Pflege notiert.
Das **Kosmetikprogramm für zu Hause** erfordert eine Augencreme, Augenkompressen, eine Peelingmaske oder eine Peelingcreme mit Schleifpartikeln und ein Wirkstoffprodukt, das die Haut zu mehr Eigeninitiative anregt. Wer noch mehr für sich tun möchte – oder es möglicherweise besonders nötig hat, kann anschließend noch eine Feuchtigkeitscreme oder -maske auf die so vorbereitete Haut auftragen, die dadurch intensiver aufgenommen wird.
Für diejenigen, die morgens nur wenig Zeit haben, aber trotzdem etwas für ihr Aussehen tun möchten, gibt es zusätzlich zur täglichen Routine wie Duschen, Rasieren und Zähneputzen die Vier-Minuten-Kurzfassung.
Tragen Sie vor dem Duschen eine Peelingmaske auf das Gesicht auf, massieren sie fest ein und waschen sie erst am Schluß des Duschens ab. Die von abgestorbenen Zellen befreite Haut strahlt danach förmlich vor Sauberkeit.
Anschließend kommt die Augencreme zum Einsatz, die mit den Kuppen von Zeige- und Mittelfinger vorsichtig um die Augen herum aufgetupft wird. Auf keinem Fall mit aller Kraft einreiben, da die Unterhaut um die Augen dünn und empfindlich ist, was die Bildung von Fältchen nur fördern würde. Dieser Vorgang dauert übrigens etwa zwei Minuten. Für eine Portion Extra-Fitneß am Beginn eines langen Tages sorgt abschließend eine Tagescreme oder Gesichtsemulsion, die der Haut Power und Aktivität verleiht.

Wer etwas mehr Zeit aufwenden möchte, weil er meint, es nötig zu haben oder einfach nur aus Spaß an der Pflege, kann sich der 20-Minuten-Kosmetik bedienen.

Nicht nur die Kehle, auch die Haut ist immer trocken.

Tun Sie lieber etwas mehr für Ihr Haar – bevor es zu spät ist.

Statt zu duschen wird gebadet. Ins Badewasser kommt ein Badeöl, Badesalz oder eine „Revitalizing-Bath-Tablet", die Substanzen aus japanischen Thermalquellen enthält, wodurch eine entspannende und wohltuende Wirkung auf den Körper erzielt wird. Während Sie in der Wanne liegen, reinigen Sie ihr Gesicht mit einer Peelingcreme und spülen es gründlich ab. Dann legen Sie die Augenkompressen auf. Nach dem Abtrocknen reiben Sie ihren Körper mit einer Bodylotion ein und tragen auf das Gesicht eine Feuchtigkeitscreme auf. Sollten Sie noch Lust haben, können Sie statt dessen auch eine Feuchtikeitsmaske auflegen und anschließend, je nach Tages- oder Nachtzeit, eine entsprechende Creme.
Wer seinem Aussehen noch eine Extra-Portion Dynamik verleihen will, kann zum Abschluß einen Face Bronzer verwenden. Aber Vorsicht, nicht alle Tönungs- oder Bräunungscremes lassen das Gesicht bronzen schimmern. Manche verleihen dem Teint lediglich ein so intensives Gelb, daß selbst Chinesen mit Gelbsucht dagegen noch gesund aussehen.

Gute Nacht, Freunde

Auf der Haut setzen sich tagsüber, auch wenn man in einem vollklimatisierten Büro arbeitet, Reste von Ruß, Rauch und Gasen fest und vermengen sich mit dem hauteigenen Schweiß-Fett-Gemisch. Wer also wirklich an seinem Aussehen interessiert ist, sollte sich ein abendliches Ritual angewöhnen. Dazu gehört die Reinigung des Gesichts. Zuerst waschen Sie das Gesicht mit einem Syndet oder einer ph-neutralen Seife. Zusätzlich können Sie ein- bis zweimal in der Woche ein Facescrub verwenden. Danach wird das Gesicht gesäubert. Am besten eignen sich dazu Gesichtslotions oder Tonics (ohne Gin – leider). Sie enthalten lösende und zugleich desinfizierende Substanzen, die Entzündungen durch Hautunreinheiten, Mitesser und Pickel verhindern. Gleichzeitig werden die abgestorbenen Hornzellen entfernt.

Ein Tip: Benutzen Sie zur Reinigung einen flachen Wattepad, der vorher mit etwas Wasser angefeuchtet werden sollte, damit sich die Lotion nicht im trockenen Pad verliert. Aber machen Sie ihn nicht zu feucht, sonst wird die Lotion möglicherweise verdünnt und verliert ihre Wirkung.
Nachdem Sie ihr Gesicht mit allen Wassern und Wässerchen behandelt haben, wird die Augenumgebung mit einer liposomhaltigen Spezialpflege versorgt. Nun fehlt nur noch die Nachtcreme und dann – gute Nacht.
Nebenbei bemerkt, ich persönlich stelle sowohl morgens als auch abends immer wieder fest, daß die kurze Zeit, die ich für die täglich Pflege aufwende, sehr wohl auch psychische Auswirkungen haben kann. Die selbst erteilten Streicheleinheiten beim Einmassieren der Cremes, die Betrachtung des eigenen Gesichts im Spiegel und das Beschäftigen mit dem eigenen Körper bieten eine ideale Möglichkeit, sich mit sich und dem Tag und seinen vielfältigen Problemen auseinanderzusetzen.

Keine Frau küßt gern ein „Stoppelfeld"

Naßrasur

Ein ganz anderes, aber ebenso alltägliches Thema ist die Rasur und die richtige Pflege danach. Was für unsere Großväter noch mit einigem Aufwand verbunden war, ist heute ein echtes Männervergnügen, wenn man von der frühmorgendlichen Stunde und dem damit verbundenen persönlichen Zustand absieht. Nicht umsonst soll die Naßrasur für „das beste im Mann" sein, was auch immer damit gemeint sein mag.
Aber schließlich hat der Mann durchschnittlich 30000 Barthaare – und dahinter kann sich „das beste" wirklich gut verbergen –, die er täglich um 1,3 mm kürzen muß, um streichelzart zu wirken. Die einen

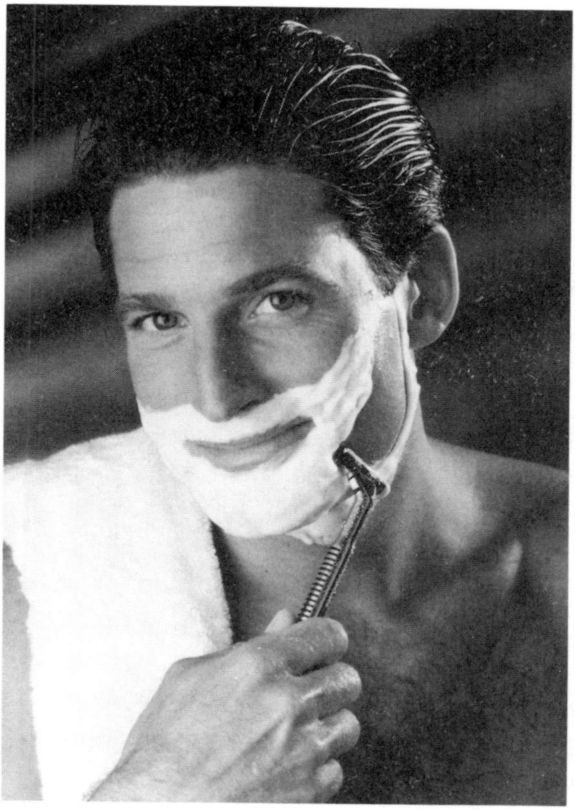

Wer es gern gründlich macht, sollte sich für die Naßrasur entscheiden.

rasieren sich elektrisch und die anderen nach guter alter Vätersitte mit Creme und Pinsel beziehungsweise etwas moderner, mit Schaum aus der Aerosoldose oder Gel aus der Tube, durch das die Klinge besonders sanft gleitet.

Wie alles im Leben hat selbst die Rasur Vor- und Nachteile. Die Naßrasur entfettet und reizt die Haut zwar stärker, aber sie entfernt auch die obere Hornschicht, die, wie wir wissen, als natürlicher Schutz der Haut dient. Das ist gerade bei einer leicht fettigen, robusten Haut wie der des Mannes sehr vorteilhaft, denn jede Rasur ist gleichzeitig eine Art Peeling, das die abgestorbenen Hornschüppchen entfernt, die Haut trainiert und belebt.

Wenn Sie morgens früh also erst einmal die Augen aufgerissen haben und Ihrem Spiegelbild mutig entgegengetreten sind, können sie getrost Ihr „Messer" zücken und mit dem Werk beginnen. Vorab jedoch noch ein paar Ratschläge für Ihre persönliche Schabstrategie.

* Nicht gegen den Strich rasieren. Die Rasur wird dadurch nicht glatter, und die Haut nur unnötig gereizt.
* Fangen Sie immer an Wangen und Hals an, denn dort wächst der Bart nicht so dicht. Das Kinn kommt immer erst ganz zum Schluß an die Reihe.
* Verwenden Sie niemals schnell trocknenden Schaum oder Rasiercreme.

Und noch ein kleiner Tip: Befeuchten Sie die Bartstoppeln vor der Rasur mit heißem Wasser oder, noch einfacher, ändern Sie Ihre morgendliche Routine, indem Sie vor dem Rasieren duschen.
Sollte Ihnen trotzdem einmal die Klinge ausrutschen, ist das kein Grund, gleich den Kopf zu verlieren, denn Allantoin hilft. Allantoin ist ein Stoff, den man aus der Rinde von Roßkastanien, Ahorn und Weizenkeimen gewinnt. Von den Indianern immer schon als Wundermittel benutzt, wirkt es besänftigend auf die Haut, heilt kleine Wunden und fördert die Zellerneuerung. Daher ist Allantoin auch in sehr vielen After shaves, Balsams, Baumes und Balmes enthalten. Kampfer und Menthol, ebenfalls Substanzen vieler Rasierwässerchen, beleben hingegen und erfrischen die stahlstrapazierte Haut.

Elektrorasur

Die Elektrorasur ist meist unproblematischer und geht schneller. Doch die meisten Trockenrasierer leiden darunter, daß die Haare nicht tief genug ausrasiert werden, sich krümmen und im Bogen wieder in die Haut einwachsen. Dadurch entstehen leicht schmerzhafte Entzündungen.
Abgesehen davon finde ich persönlich die Naßrasur wesentlich

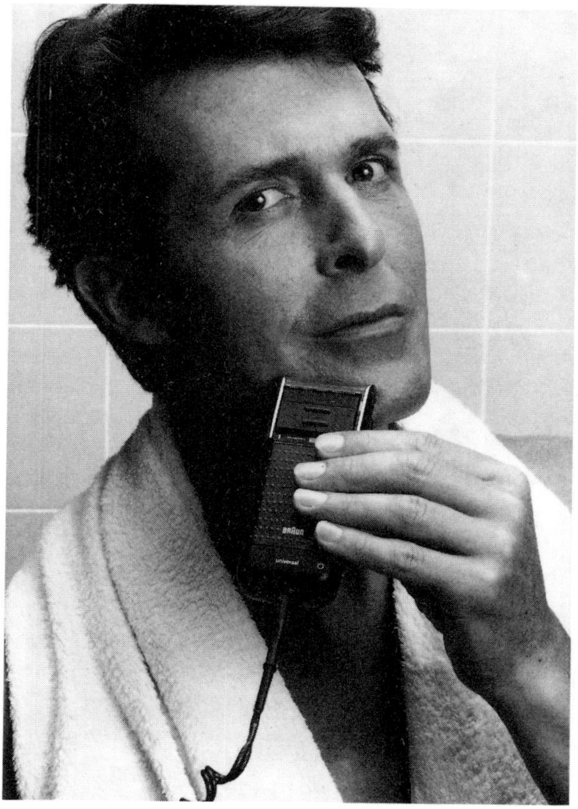

Praktischer hingegen ist die Trockenrasur – bei Bedarf können Sie sich auch einmal unterwegs oder im Büro des Symbols der Männlichkeit entledigen.

gründlicher und gerade morgens auch erfrischender, aber zwischendurch im Büro oder auf Reisen greife ich immer zum Elektrorasierer. Sollten auch Sie zu diesen Zeitgenossen oder den eingeschworenen Trockenrasierern gehören – für Sie ein Hinweis zur optimalen Anwendung: Rasieren Sie sich morgens vor dem Duschen, denn die Stoppeln können nicht trocken und hart genug sein, und verwenden Sie ein Preshave, das die Stoppeln aufrichtet. Auch in diesem Fall gilt: Verwenden Sie nach der Rasur ein Aftershave, Baume, Balsam oder Balme zur Beruhigung der Haut.

Auch das gehört dazu, die richtige Pflege nach der Rasur.

Drum pflege, was nicht ewig ist

Haarausfall

Beginnen wir das Thema Haare mit dem Ernstfall. Eines Morgens ist es bei vielen Männern soweit: Panik beim Blick in den Spiegel, Alarmsirenengeheul im Hinterkopf, Hin- und Hergeschiebe der Haarsträhnen auf dem Haupte. Die ersten Anzeichen für lang Vermutetes, aber tapfer Ignoriertes sind nicht mehr zu übersehen. Eine Welt bricht zusammen, denn der Anfang vom haarigen Ende ist nah. Wie alles im Leben ist auch die Glatzenbildung einer gewissen Gesetzmäßigkeit unterworfen: Zuerst bilden sich die sogenannten Geheimratsecken. Etwas später beginnen sich die Haare am Scheitel und am Hinterkopfwirbel zu lichten, wo zunächst eine mit feinen Härchen bedeckte Tonsur entsteht. Langsam, aber sicher fließen schließlich Geheimratsecken und Tonsur ineinander und bilden die

von den Männern gefürchtete, von den Frauen jedoch häufig als erotisch empfundene Platte.
Wer jedoch mit Mitte 30 noch im Vollbesitz seiner wenn auch schon ergrauten Haarpracht ist, wird diese mit aller Wahrscheinlichkeit auch bis ins hohe Alter behalten. Sollten Sie zu diesen soignierten Herren mit grauen Schläfen gehören, können Sie dieses Kapitel also überblättern, aber merken Sie sich für alle Fälle, auf welcher Seite es beginnt. Man kann ja nie wissen!
Doch kommen wir wieder zum eigentlichen Thema. Mehr als die Hälfte aller Männer im Alter von 40 Jahren leidet unter mäßigem bis schwerem Haarausfall. Das hat einen ganz einfachen Grund: unsere Erbanlagen. In diesen ist verankert, daß bei dem einen die Haarrezeptoren an diesen Stellen empfindlich auf ein Abbauprodukt des männlichen Hormons Testeron reagieren. Durch diese Überreaktion wird der normale Haarwachstumszyklus deutlich reduziert, die Folge ist die langsame Verminderung des Haarwuchses. Hinzu kommt, daß bei allen Menschen im Laufe der Zeit der Lebenszyklus des Haupthaares von dem des normalen Haarwuchses abweicht. Das liegt daran, daß die Wachstumsperiode wegen gedrosselter Energiezufuhr deutlich vermindert und das Haar vorzeitig entwurzelt wird. Durch die Verkürzung der Wachstumsperiode läuft also der gesamte Zyklus schneller ab, bis die Haarwurzeln völlig erschöpft sind und die Produktion einstellen. Aber das ist nur der Ernstfall, der in unserer Jugend schon die Beatles zu der sorgenvollen Frage trieb: „When I get older, loosing my hair, many years from now, will you still be sending me a Valentine, birthday greetings, bottle of wine?“ Und was ist aus den Pilzköpfen geworden? Etwa ältere Herren mit kahlen Schädeln?
Die Angst vor der Glatze bewegte nicht erst die Beatles, sondern bereits seit Menschengedenken die Männer der ganzen Welt. Zwar gibt es einige, die behaupten, es würde ihnen nichts ausmachen, eines Tages oben ohne dazustehen, aber das ist eher als Schutzbehauptung zu werten.
Doch trotz dieser weltweiten Furcht vor dem Nichts auf dem Kopf ist noch kein Kraut gegen die optische Geißel des Mannes gewachsen, wenn man einmal von dem Loorbeerkranz absieht, den Julius Cäsar ständig trug, um seine kahlen Schläfen zu bedecken.

Allerdings ist die Liste der geheimen und unfehlbaren Mittel, die wir Männer uns schon in die Kopfhaut einmassiert haben, um den Stigma des Alters keine Chance zu geben, unendlich lang und reicht vom Birkensaft und Brennesselextrakt bis hin zu einigen eher unappetitlichen Substanzen wie ätzender Mäusedreck und stinkender Froschlaich. Die beiden zuletzt genannten Mittel sind freilich seit ein paar Jahrhunderten nicht mehr auf dem Markt. Doch je exotischer der Name und das Herkunftsland und je ausgefallener die Ingredenzien, um so interessanter erscheinen diese Elixiere.
Dabei ist die Sache ganz einfach: Das Haarkleid des Menschen ist erwiesenermaßen in regressiver Entwicklung begriffen. Mit anderen Worten, es hat keine wesentliche biologische Funktion mehr zu erfüllen, wenn man einmal davon absieht, daß es die Haut in einigen Regionen gegen Sonnenstrahlen schützt, gegen Kälte und Wärme isoliert und der Berührungssensibilität dient. Denken Sie an die liebevoll gemeinten Streicheleinheiten der gesamten Verwandtschaft, die einem als Kind Schauer über den Rücken laufen ließen und wahrscheinlich unsere Haare zu Berge stehen lassen hätten, wenn sie nicht von Tantchens weicher Hand niedergehalten worden wären.
Trotzdem investieren wir aus ästhetischen und sozialen Gründen ein Vermögen in die Erhaltung, Pflege und Verschönerung des Kopfhaares. Das ist natürlich nicht weiter verwunderlich, wenn man bedenkt, daß völliger Haarausfall häufig eine erhebliche psychische Belastung und Beeinträchtigung zwischenmenschlicher Beziehungen verursachen kann.
„Schönes Haar ist dir gegeben, laß es leben", fordert uns beispielsweise die Werbung eines Haarpflegemittels auf, aber wo nichts mehr ist, kann man auch nichts mehr pflegen. Allerdings kann durch gezielte Pflege Haarausfall gestoppt und der Glatzenbildung vorgebeugt werden.
Aber nicht jedes ausgefallene Haar bedeutet gleich totale Platte.
Unser Haar wächst nicht kontinuierlich wie etwa die Fingernägel, sondern unterliegt asynchron einem zyklischen Rhythmus von Wachstumsperiode, Übergangs- und Ruhephase. Am Ende jeder Ruhephase fällt das Haar aus und eine neue Wachstumsperiode setzt nach kurzer Übergangsphase ein. Auf unserem Kopf findet

also eine ständige Fluktuation statt. Das eine Haar geht, und das nächste kommt.
Diese Wachstumsphase, bei der jedes Haar täglich circa 0,35 mm wächst, dauert im Schnitt drei bis sechs Jahre. Danach folgt die nur wenige Tage dauernde Übergangsphase, die mit der Ruhephase endet. Auch diese Spanne ist im Verhältnis zur Wachstumsperiode relativ kurz, nämlich nur drei bis vier Monate. In dieser Zeit wird aus einer Lage undifferenzierter Zellen eine neue, zwiebelartige Haarwurzel aufgebaut, die ein neues Haar bildet. Dadurch fällt das alte Haar von selber aus oder wird ausgekämmt.
Wenn man davon ausgeht, daß wir Menschen ungefähr 100 000 aktive Haarwurzeln auf dem Kopf haben, sind die 50 bis 100 Haare, die bei der täglichen Haarpflege auf der Strecke, respektive in der Dusche oder sonstwo bleiben, eine verschwindend geringe Anzahl und absolut nicht besorgniserregend.
Aber bitte rutschen Sie jetzt nicht gleich auf Knien herum, um Ihre ausgefallenen Haare zu zählen. Schätzen Sie einfach, wieviel es sind. Sollten es mehr als hundert sein, stimmt effektiv etwas nicht. Freilich besteht auch in diesem Fall noch lange kein Grund zur Panik. Und um es gleich vorweg zu sagen, noch etwas ist es nicht: ein Zeichen schwindender Vitalität, Jugendlichkeit und Männlichkeit. Im Gegenteil, bereits vor über 2000 Jahren stellte der griechische Arzt Hyppokrates fest, daß Eunuchen keine Glatze bekamen. Sie sollten sich im gegebenen Fall aber nicht aus Verzweiflung die Haare raufen, denn dadurch verlieren Sie nur noch mehr. Stellen Sie lieber fest, ob es sich um den beschriebenen, natürlichen Haarwechsel oder um einen echten Haarausfall handelt, der gegebenenfalls heilbar ist, denn auch ein Mangel an Vitaminen oder Spurenelementen, Vergiftungen, Stoffwechselstörungen und psychische Störungen können die Ursache für verstärkten Haarverlust sein. Unter diesen Umständen sollten Sie sich mit Ihrem Arzt beraten. Oft hilft bereits die regelmäßige Zuführung von Vitamin A und die bereits angesprochene ausgewogene Ernährung.
Aber auch wenn, wie eingangs schon erwähnt, noch kein Kraut dagegen gewachsen ist, die Industrie hat trotzdem ein paar Produkte entwickelt, die das Problem an der Haarwurzel packen, vor-

ausgesetzt, daß sie noch nicht abgestorben ist. Schließlich kann jede Haarwurzel im Schnitt bis zu 15mal ein neues Haar bilden, danach ist sie definitiv verbraucht. Welches dieser Produkte für Ihre schwindende Haarpracht in Frage kommt, sollten Sie bei Ihrem Friseur in Erfahrung bringen.

Und noch eins: Wenn es bei Ihnen soweit ist, tragen Sie es mit Fassung. Das ist auf alle Fälle besser, als den breiter werdenden Scheitel schamhaft zu vertuschen, indem Sie die verbliebenen Haare über Länge und Breite des Kopfes verteilen, denn die Zeiten sind stürmisch und bereits der erste Windstoß könnte Ihr kleines Geheimnis bloßlegen.

Dabei fällt mir ein 2000 Jahre altes Gedicht des römischen Dichters Marcus Valerius Martialis ein:

> „Von überall suchst du die Härchen zusamm',
> die spärlich am Schläfenrand vegetieren
> und streichst sie nach oben und vorn mit dem Kamm,
> der Glatze leuchtendes Feld zu maskieren.
> Doch der Wind verteilt sie wieder von dort
> und bringt sie zurück an den alten Ort,
> und rings, wie leuchtende Fanale,
> umgeben sie das Haupt, das kahle.
> Wär's einfacher nicht, du bekennst dich als Greis,
> als sichtbare Einheit von Glatze und Jahren?
> Das Widerwärtigste, was ich weiß,
> ist ein Glatzkopf mit Haaren."

Dem ist wohl kaum noch etwas hinzuzufügen, außer – wir sind natürlich noch keine Greise.

Auch Perücken und Toupets haben ihre Tücken. Vor allem, wenn sie nicht richtig sitzen oder nicht rutschfest sind. Dann nämlich halten sie einen nicht nur vom Sport, sondern auch vom heftigeren Austausch von Zärtlichkeiten ab. Obendrein geraten ihre Träger schnell in den Ruch, etwas verbergen zu müssen, und das haben Sie doch wirklich nicht nötig!

Bleibt also als letzter Ausweg der chirurgische Eingriff.

Ist der Haarverlust auf ein kleines Areal begrenzt, kann diese kahle Stelle – das ist kein Witz – herausgeschnitten werden. Die angrenzenden, behaarten Stellen werden anschließend zusammengenäht. Allzuoft kann man diesen Vorgang jedoch nicht wiederholen, sonst bedecken womöglich eines Tages die Bartstoppeln den Schädel.
Bei ausgedehnterem Kahlschlag lassen sich größere Hautpartien samt Haarwurzeln auf die lichten Stellen verpflanzen. In diesem Fall besteht der Nachteil darin, daß die Hautpartien zwangsläufig woanders hergenommen werden müssen. Woher bloß?
Die dritte Möglichkeit besteht in Implantaten. Kleine Haarinseln werden auf die Lichtungen verpflanzt, wo sie oft nur unregelmäßig anwachsen. Böse Zungen behaupten, die derart behandelten Männer würden wie Hähne nach dem Kampf aussehen.
Bitte betrachten Sie meine kleinen Zwischenbemerkungen zum Thema Haarersatz nur als Anregung, und nehmen Sie sie nicht zu ernst. Sollten Sie tatsächlich mit dem Gedanken spielen, sich ein Toupet oder eine Perücke zuzulegen, suchen Sie am besten einen Fachmann auf.
Doch vielleicht fällt es Ihnen leichter, sich zum Haarverlust zu bekennen, wenn ich Ihnen verrate, daß die Sache mit dem Haarausfall und der Potenz ein Ammenmärchen ist.

Haarpflege

Zum Glück ist es nichts Unnatürliches, wenn man mit 40 noch keine Anzeichen beginnenden Haarverlustes hat. Sollten Sie also zu den Glücklichen gehören, die sich noch nicht die Blöße geben, ich meine die an Stirn und Hinterkopf, nehmen Sie es zum Anlaß, vorhandenes besonders liebevoll zu erhalten.
Immerhin besitzen Sie dank Ihres wallenden Haupthaares noch die Möglichkeit, Ihrem Aussehen durch die Frisur einen modischen Touch zu geben, den Garant für unser jugendliches Aussehen. Zumindest von hinten.
Daß es gerade bei Langhaarfrisuren auf die entsprechende Pflege ankommt, können Sie sich sicherlich denken. Aber auch kurze

Haare verlangen ein gewisses Maß an Aufwand, denn Probleme sind immer möglich. Und wer hat die schon gern, vor allem wenn sie sichtbar sind – wie Schuppen oder fettige Haare. Fast die Hälfte aller Männer leidet unter dem Übel, das meistens auf dunkelblauen Blazern oder Smokingsakkos sichtbar wird. Fettig angeklatschte Haare machen indessen auch keinen besseren Eindruck – ungepflegt wirkt jedenfalls sowohl das eine als auch das andere.
Die Ursachen für trockenes, fettiges oder schuppiges Haar liegen einzig in der Beschaffenheit der Kopfhaut. Durch gezielt anwendbare Pflegeprodukte, sind Aussehen und Struktur der Haare weitgehend beeinflußbar. Für Schuppen beispielsweise gibt es ausgezeichnete Anti-Schuppen-Shampoos, die, regelmäßig angewandt – Sie sollten die Haare bei trockener, zu Schuppen neigender Kopfhaut höchstens zweimal wöchentlich waschen –, bereits in kürzester Zeit das Problem lösen. Für etwas hartnäckigere Fälle bieten sich spezielle Haarwasser und Kuren an.
Fettiges Haar sollte täglich gewaschen werden. Auch dafür gibt es eigens konzipierte Pflegeprodukte. Dabei handelt es sich um beson-

ders milde, gut verträgliche Shampoos, die den Fettgehalt der Kopfhaut reduzieren.
Die Pflege sollte sich jedoch auch nach der jeweiligen Haarlänge richten: je länger das Haar ist, desto länger dauert auch der Spreitvorgang des Fettes vom Haaransatz zur Spitze. Wenn dieser Vorgang jedoch durch zu häufiges Waschen unterbrochen wird, kommt es zum Austrocknen und Abbrechen der langen Haarspitzen. Kurzes und fülliges Haar hat hingegen einen schnelleren Spreitvorgang und kann dementsprechend öfter gewaschen werden.
Die Fülle der Haarpflegeprodukte ist so groß, daß sie hier nicht im Detail aufgeführt werden können. Fragen Sie am besten Ihren Friseur. Nebenbei bemerkt, jede Frisur, ob kurz oder lang, sollte in regelmäßigen Abständen nachgeschnitten werden.
Und da wir gerade beim Thema Schneiden sind, im Laufe der Jahre wachsen auch kleine Härchen aus Ohren und Nasenlöchern, die nur gepflegt wirken, wenn sie ausgeschnitten werden.

Für Männerhände viel zu schade?

Maniküre

Wenn Sie die Werbung aufmerksam verfolgen, wird Ihnen auffallen, daß man nie Männerhände sieht, wenn es beispielsweise um Pflegeprodukte für die Hände geht. Und Zigaretten tragen wir offensichtlich auch nur in den Mundwinkeln. Wie hieß es vor einigen Jahren in bezug auf eine bestimmte Zigarettenmarke: Für Männerhände viel zu schade!
Eigentlich ist das eine ziemlich diskriminierende Aussage für uns Männer. Oder ist da doch etwas dran? Auf jeden Fall ist es Grund genug, sich selber einmal auf die Finger zu sehen. Also, Hände raus aus den Taschen und auf den Tisch gelegt – oder haben Sie etwas zu verbergen? Etwa ein Laster?

Hoffentlich nicht. Allerdings sollten Sie bestimmte Merkmale als das betrachten, was sie sind, nämlich als Warnung. Querrillen in den Nägeln deuten beispielsweise auf Vitaminmangel und Stoffwechselstörungen hin. Auch hier ist also wieder die Ursache des Problems eine Frage der Ernährung. Eine andere, ebenfalls störende Tatsache sind rauhe Hände. Die trockene Haut läßt auf übermäßigen Gebrauch von Seife schließen, und das Schlimmste, gelblich verfärbte Nägel und Fingerkuppen, entlarvt Sie als undisziplinierten Kettenraucher. Nun ist Rauchen natürlich kein Thema, sondern nur eine Frage Ihrer Willenskraft und in bezug auf Ihre Hände eine Frage der Ästhetik, und nur um die geht es uns hier.

Nehmen Sie sich einmal pro Woche eine halbe Stunde Zeit dafür: Als erstes werden die Hände fünf Minuten lang in lauwarmem Wasser mit Syndet oder Ölzusatz aufgeweicht und anschließend gut abgetrocknet. Dann massieren Sie eine Nagelhautpflegecreme oder ein anderes fetthaltiges Pflegeprodukt auf jeden Nagelmond. Während man früher die Nagelhaut mittels eines Rosenholzstäbchens zurückschob, haben neuere Untersuchungen gezeigt, daß dadurch häufig chronische Nagelbettentzündungen entstehen, die ihrerseits wieder zu Nagelwachstumsstörungen führen können.

Als nächstes werden die Nägel gefeilt. Sie sollten immer gleichmäßig geformt sein und höchstens zwei Millimeter länger als die Fingerkuppen sein. Damit die Kürzung glatt wird, benutzt man abschließend die feinere Seite der Nagelfeile. Um das Ergebnis zu überprüfen, gleitet man mit dem Nagelrand über den Handrücken oder die Lippen – ist er gut gefeilt, darf es nicht kratzen.

Regelmäßig so gepflegt, müssen die Nägel nie mit der Schere geschnitten werden – und schon gar nicht mit einem Nagelknipser. Nun werden die Hände noch einmal gründlich gewaschen und mit einer Handcreme eingerieben.

Sind Ihre Hände erst einmal wieder so weit, daß nichts mehr zu schade für sie ist, kann die Prozedur abgekürzt werden.

An drei Dinge, die wir Männer gern außer acht lassen, sollten Sie jedoch immer denken.

Erstens: Unsere Nägel wachsen völlig unterschiedlich rasch. Die Nägel der beiden Mittelfinger wachsen am schnellsten und die der kleinen Finger am langsamsten. Es ist daher gut, wenn Sie immer eine kleine Feile bei sich haben, um störende Längen sofort beseitigen zu können.

Zweitens: Die Nagelhaut sollte niemals sichtbar sein. Aber Vorsicht, auch wenn ein Hautfetzchen absteht und störend wirkt, nicht abbeißen oder reißen, sondern immer nur mit einer Nagelhautschere entfernen. Sonst entstehen kleine Risse, die sich leicht entzünden können.

Drittens: Hände sollen geschmeidig sein. Benutzen Sie deshalb zum Waschen nur rückfettende Seifen, und versorgen Sie die Haut regelmäßig mit einer Feuchtigkeitscreme. Und noch ein Wort zum Abtrocknen: Da die Haut der Hände kaum Fett- und Feuchtigkeitsreserven hat, wird sie sofort spröde und faltig, wenn ihr übermäßig viel Feuchtigkeit entzogen wird. Daher müssen die Hände immer äußerst sorgfältig abgetrocknet werden, denn das Wasser auf der Haut entzieht paradoxerweise die innere Feuchtigkeit.

Richtig manikürt, können selbst Hände, die zupacken müssen, gepflegte Hände sein!

Sonnenfreuden und -gefahren

Kaum weichen die Winterstürme der Sommersonne, schon setzen sich die ersten Zeitgenossen den zweifelhaften Strahlen aus; denn gepflegte Bräune gilt noch immer als äußeres Zeichen für Erfolg, Gesundheit und Selbstbewußtsein. Doch wer sich heute in die pralle Sonne legt, einschläft und unversehens krebsrot wieder aufwacht, ist ein ausgemachter Dummkopf. Krebsrot bedeutet nämlich nicht nur, daß man rot wie ein Krebs ist, sondern auch Gefahr läuft, Krebs zu bekommen.

Das zeitweilig weit aufgerissene Ozonloch tut ein übriges, denn es läßt verstärkt ausgerechnet die kurzwelligen UVB- und die bisher als gefahrlos geltenden UVC-Strahlen passieren.

Zwar fördert die Sonne die für den Knochenbau wichtige Vitamin-D_3-Synthese, doch das unsichtbare ultraviolette Strahlenspektrum der Sonne, kurz UV, das sich in UVA, UVB und UVC unterteilt, hat ganz massive negative Auswirkungen. Vor allem, wenn die Sonnenstrahlen zu lange und zu intensiv auf die ungeschützte Haut treffen. Für die Hautbräunung, den Sonnenbrand und die Hautalterung sind die UVB- und UVA-Strahlungen verantwortlich. Insbesondere die UVB-Strahlen verursachen Sonnenbrand, der sich nach 12 bis 24 Stunden durch eine mehr oder weniger starke Hautrötung und Schmerzen bemerkbar macht. Bräunungsfanatiker ärgern sich, denn sie wissen, nichts ist lästiger als das – und völlig überflüssig. Am erbittertsten sind sie jedoch darüber, daß sie mindestens drei Tage auf dem Weg zur Superbräune verlieren.
Viel schlimmer ist indessen – aber das merkt man ja nicht gleich –, daß die UVB-Strahlen akute, möglicherweise chronische Schädigungen der Haut verursachen, die Bindegewebe, Blutgefäße und Zellen in Mitleidenschaft ziehen können. Allerdings sorgen die Strahlen auch dafür, daß die Pigmentierung der Haut aktiviert wird: 48 bis 72 Stunden später reagiert die Haut mit einer leichten bis mittleren Bräunung.
Etwas harmloser sind die UVA-Strahlen. Sie führen weder zu einem Sonnenbrand noch zu einer Pigmentbildung. Bei sehr hoher Dosierung kann es jedoch zu einer Sofortpigmentierung kommen und in Verbindung mit UVB außerdem zu einer verstärkten Sonnenbrandbildung. Vor wenigen Jahren wurden die UVA-Strahlen noch als absolut ungefährlich eingestuft, doch diese Ansicht mußte revidiert werden. Zwar gelten die UVA-Strahlen noch immer als relativ unschädlich – wenn man einmal davon absieht, daß sie für die schnellere Alterung und ein beschleunigtes Austrocknen unserer Haut verantwortlich sind und die Faltenbildung potenzieren. Wenn in Ihrem Freundeskreis jemand mit 40 bereits wie 60 aussieht, wissen Sie, daß er im Sommer zuviel Freizeit hat.
Bleiben noch die UVC-Strahlen, die von uns kaum als warm empfunden werden und auch nur eine leichte Hautbräunung verursachen. Dafür sind sie für unsere Augen äußerst schädlich: Sie reizen die Bindehaut.

Die Zeiten des sorglosen Sonnenbadens sind vorbei, doch trotz all dieser negativen Aspekte gibt es noch immer unglaublich viele Mitmänner, deren einziges Sommervergnügen darin besteht, in Florida oder an der Cote d'Azur drei Wochen lang zu rösten, um die heißersehnte goldbraune Hauttönung zu bekommen – die ach so dynamisch wirkt –, und sich normalerweise erst nach einem wesentlich längeren Zeitraum einstellt. Aber wer langsam bräunt, der bleibt auch länger braun.
Nutzen Sie die Sonne also mit Verstand!

Zuerst einmal müssen wir allerdings feststellen, zu welchem **Hauttyp** Sie gehören: Der Hauttyp 1 hat helle Haut und rötliche Haare. Hauttyp 2 hat blondes Haar. Hauttyp 3 und 4 sind eher mediterran angehaucht und Hauttyp 5 der absolute Südländer.
Typ 1 und 2 müssen besonders vorsichtig sein und gerade zu Anfang die Sonne nur in kleinen Dosen bis maximal 20 Minuten genießen. Typ 3 und 4 sind da schon besser dran. Sie dürfen 30 bis 40 Minuten ungeschützt sonnenbaden. Wer die Sonne so maßvoll genießt, wird auch braun. Es dauert zwar länger, etwa sechs Wochen, aber dafür ist es auch um einiges gefahrloser. Nur Typ 5 braucht sich keine Zwänge aufzuerlegen, denn er wird schnell und tiefbraun.
Doch wozu gibt es **Sonnencremes, -öle, -gels und Sunblock-Präparate**? Richtig, der verringerte Schutz durch die Ozonschicht erfordert einen intensiveren Schutz auf der Haut. Wer sich also gut eincremt, kann die Phasen durch das für seinen Hauttyp entsprechende Sonnenschutzmittel verlängern. Die angegebenen Lichtschutzfaktoren reichen von 1 bis 25. Angenommen, Sie gehören zum Hauttyp 1 oder 2, dann können Sie sich dank des Lichtschutzfaktors 15 beispielsweise statt 20 Minuten glatte 5 Stunden in der Sonne aufhalten.
Doch egal, zu welchem Typ Sie gehören, ein paar markante Stellen unserer Haut benötigen ganz besondere Beachtung:
Dazu gehören Stirn – die Glatze rechnen wir einfachheitshalber zur hohen Stirn, Nasenrücken, Ohren, Lippen, Kinn, Schultern, Rücken, Gesäß und Fußrücken. Also, üben Sie keine falsche Sparsamkeit an diesen Körperpartien, die Folgen könnten unangenehm sein.

Ebenso wichtig wie das regelmäßige Eincremen während des Sonnenbades ist die Anwendung von After-Sun-Produkte. Sie geben der Haut verlorene Feuchtigkeit zurück und beruhigen sie gleichzeitig. Damit die Sonnencreme ihre schützende Wirkung voll entfalten kann, sollten sie mindestens eine halbe Stunde vor dem Sonnenbaden aufgetragen werden. Und vergessen Sie auch die gefährdeten Partien wie Lippen, Augenpartien, Nasenrücken und Ohren nicht. Hierfür gibt es Sonnenschutzstifte, die aufgrund ihres extrem hohen Lichtschutzfaktors als regelrechte Blocker gegen die schädlichen UVA-/UVB- und Infrarotstrahlen wirken.
Wer bereits zu Beginn des Sommers über einen guten Hautschutz verfügen möchte, sollte schon einige Wochen vorher ins Sonnenstudio gehen. Vor allem den Hauttypen 1 und 2 sei dazu geraten. Aber auch hier gilt: Vorsicht! Zwar versprechen Schnell- und Turbobräuner die heißersehnte Karibikbräune in kürzester Zeit, doch diesen Aussagen ist mit Vorbehalt zu begegnen. Immerhin braucht die Haut fünf bis sechs Wochen, um einen Lichtschutz aufzubauen, wenn man sich zweimal wöchentlich für 20 bis 30 Minuten auf die Sonnenbank legt – und öfter sollte man es wirklich nicht tun. Und noch etwas sollten Sie wissen: Bei den Superschnellbräunern werden lediglich die Pigmentkörnchen der Haut ausgequetscht. Sie reagieren nur mit einer oberflächlichen Tönung, die schnell wieder verschwindet.
Nebenbei bemerkt, unsere Haut ist ausgesprochen nachtragend – sie vergißt nie, was ihr einmal zugefügt wurde. Weder das erste Sonnenbad noch den Sonnenbrand auf der Nase.

Wohlverdiente Entspannung

Sauna

Mit dem Trend zu mehr Körper- und Gesundheitsbewußtsein, sollten wir auch auf althergebrachte Methoden zurückgreifen, denn nicht umsonst stehen die Methoden, die bereits bei den Griechen und Römern hohes Ansehen genossen hatten, auch bei fortschrittlichen Medizinern noch hoch im Kurs: Sauna und Dampfbad.
Unserem Körper tut es gut, wenn er mal so richtig rangenommen wird, und genauso geht es auch den rund zweieinhalb Millionen Schweißdrüsen – es können auch ein paar mehr oder weniger sein – die unsere Haut beherbergt. Um sie einmal richtig durchzupusten, eignen sich am besten Saunabesuche: Sie sorgen für ausreichende Feuchtigkeit, pumpen vermehrt Schweiß an die Oberfläche, reinigen die Haut porentief, transportieren Gift- und Schlackenstoffe aus dem Körper und sorgen für ein saures Niveau auf der Hautoberfläche, wodurch beispielsweise Bakterien und Pilze vernichtet werden. Dadurch wird Pickeln, Ekzemen und Hautausschlägen der Nährboden entzogen.
Ebenfalls empfehlenswert sind Saunabesuche bei Herz- und Kreislauferkrankungen, Krankheiten der Atemwege, des Bewegungsapparates, Stoffwechselstörungen und Krankheiten der Haut.
Die Chance, durch regelmäßige Saunabesuche abzunehmen, ist jedoch relativ gering. Zweifellos steigt beim Aufenthalt in der Sauna die Körpertemperatur an, doch der dadurch angeregte Stoffwechsel ist zeitlich viel zu kurz, um Einfluß auf den Abbau von Fettdepots auszuüben. Die Gewichtsreduktion von durchschnittlich 1000 g ist in der Regel nur von kurzer Dauer, denn er ist ausschließlich auf den Flüssigkeitsverlust, der über die Schweißdrüsen erfolgt, zurückzuführen. Und Schweiß besteht nun mal bekanntlich aus 99% Wasser.
Die Freude über das vermeintliche Abnehmen besteht also nur, solange Sie nichts essen oder trinken, denn selbst Mineralwasser oder eine Dose diätischer, brauner Brause aus Amerika mit nur einer Kalorie gleicht den Wasserhaushalt sofort wieder aus.

Trotzdem kann Saunabaden in Verbindung mit körperlichem Training eine wichtige Hilfe bei dem Versuch abzunehmen sein. Bei dieser Kombination ist jedoch wieder einmal Vorsicht angesagt, denn es besteht die Gefahr, daß Herz und Kreislauf überlastet werden.

Einige Dinge sollten Sie auf alle Fälle vor dem ersten Saunagang beachten:

* Gehen Sie nie mit vollem oder leerem Magen in die Sauna. Ein proteinhaltiger Imbiß wie Joghurt, Quarkspeise, Obst oder Gemüse bildet eine gute Grundlage.
* Verzichten Sie vor oder während des Aufenthalts in der Sauna auf Alkohol. Erstens riskieren Sie damit einen Kreislaufkollaps, und zweitens nehmen Sie damit nur unnötige Kalorien zu sich.
* Gehen Sie immer gut abgetrocknet in die Sauna, denn nur trockene Haut kann ungehindert schwitzen.
* Achten Sie darauf, daß Sie keine kalten Füße haben, denn das gleichmäßige Erwärmen des Körpers wird dadurch verhindert. Ein warmes Fußbad vorher ermöglicht Ihnen eine gesundheitsfördernde Wirkung des Saunierens.

Kurzanleitung für das Saunabad

Legen Sie sich in der Sauna entspannt auf Ihr Handtuch. Falls nicht genügend Platz vorhanden, lagern Sie die Beine auf Sitzhöhe, das entlastet den Kreislauf. Kurz vor dem Verlassen der Sauna lassen Sie die Füße einen Moment herunterhängen, damit sich der Kreislauf wieder umstellen kann. Anschließend geht's unter die kalte Dusche. Beginnen Sie mit dem Abspülen an den vom Herzen entferntesten Körperteilen, den Füßen, und vergessen Sie auch den Kopf nicht, um einen Hitzestau zu verhindern. Danach können Sie unbeschadet ins eisige Tauchbecken hüpfen.

Trocknen Sie sich gründlich ab, und legen Sie sich für 10 bis 15 Minuten zum Ausruhen hin. Nach dem dritten Saunagang darf die Ruhepause auch länger dauern. Und noch etwas sollten Sie nach dem letzten Saunagang tun: Cremen Sie Ihren Körper überall mit einer Lotion oder Öl ein, um den Feuchtigkeits- und Fettverlust der Haut wieder auszugleichen.

Einen ähnlichen Effekt wie die Sauna hat auch das **Dampfbad.** Die feuchtwarme Luft wird von vielen Männern sogar als angenehmer empfunden, vor allem wenn man gerade eine Erkältung oder Grippe hinter sich hat und die Schleimhäute dementsprechend noch gereizt sind. Die Prozedur ist ähnlich wie bei der Sauna. Beim Dampfbad zählt jedoch das Ausmaß der aufgenommenen Wärme. Der Organismus verträgt in feuchter Luft weniger hohe Temperaturen als in trockener. Deshalb sind im Dampfbad normalerweise nur 40 bis 50 Grad, während in der Sauna 70 bis 90 Grad die Regel sind. Und während man in der Sauna schwitzen muß, um einen Temperaturausgleich zu schaffen, wird man in der feuchten Luft durch und durch erwärmt.

Sowohl in der Sauna als auch im Dampfbad ist es wichtig, auf die Reaktionen des Körpers zu achten. Wird der Organismus überfordert, kann es zu einem Hitzekollaps kommen. Brechen Sie deshalb den Saunagang bei ersten Anzeichen von Herzklopfen, Schwindel oder Kopfschmerzen sofort ab, und bleiben Sie gerade am Anfang nicht länger als 10 bis 15 Minuten in der Sauna beziehungsweise im Dampfbad. Je nach Kondition können Sie sich jedoch steigern. Danach ist die sofortige Abkühlung erforderlich. Herzfrequenz und Blutdruck sinken, die Durchblutung wird angeregt, die Körpertemperatur den veränderten Gegebenheiten angepaßt und das körpereigene Immunsystem gestärkt. Gleichzeitig strafft die Wechselwirkung von heiß und kalt die Haut.

Massage

Sauna und Massage sind eng miteinander verbunden. In beiden Fällen handelt es sich um Maßnahmen zur Entspannung der Muskulatur, der Bindegewebe und der Haut. Schon der griechische Arzt Hippokrates (460–380 v. Chr.) schätzte die Massage bereits zur Heilbehandlung und Prophylaxe.Was bewirken Massagen eigentlich? Haut und Muskeln werden besser durchblutet. Bei kräftiger

Massage der Rumpfmuskulatur nimmt außerdem die Durchblutung der Arm- und Beinmuskulatur auf reflektorischem Wege zu.
Durch den Druck auf die Lymphgefäße wird der Lymphabfluß verbessert, und durch Druck auf die Venen steigt der venöse Rückstrom, wodurch der Abtransport von Stoffwechselschlacken gefördert wird.
Auch auf die Psyche übt eine Massage positiven Einfluß aus, indem sie das subjektive Wohlbefinden steigert.

Leider ist man in puncto Massage also fast immer auf bekannte oder fremde Hände angewiesen – es sei denn, es geht um die **Trockenbürstenmassage.** Sie kann zumindest größtenteils eigenhändig durchgeführt werden, und außer einer trockenen Bürste brauchen Sie nichts weiter. Beginnen Sie am rechten Fuß, und arbeiten Sie sich mit kreisenden Bewegungen bis zur Leiste hoch. Das linke Bein wird in gleicher Weise bearbeitet. Dann folgt der rechte und der linke Arm. Sie beginnen langsam kreisend am Handgelenk und massieren bis zur Schulter. Nach den Gliedmaßen kommen Brust, Bauch und Gesäß an die Reihe. Danach wird es kritisch, denn den Rücken schaffen Sie wohl kaum noch allein. Wer in einer Beziehung lebt, wird kaum Probleme damit haben, und Singles müßten sich halt an ihre Nachbarin wenden.
Doch egal, wer Ihnen den Rücken massiert, achten Sie darauf, daß Sie im Rhythmus bleiben und nicht zu fest drücken!
Bei Krampfadern, Narben und Hautentzündungen sollten Sie auf die Bürstenmassage verzichten!

Die **Bindegewebsmassage** sollte möglichst nur vom Fachmann beziehungsweise von einer Fachfrau durchgeführt werden! Eine fehlerhafte Technik kann nämlich nachhaltige Auswirkungen auf das vegetative Nervensystem haben und zu Herzbeschwerden, Kopfschmerzen und Schwindel führen.

Die **Lymphdrainage** ist eine Sonderform der Massage. Durch gezielte und dosierte Griffe des Masseurs im Bereich der Lymphknoten und Lymphwege wird der Gewebeflüssigkeitsstrom beschleunigt.

Und dann gibt es noch die **Deep-friction-Massage.** Sie wird häufig erfolgreich bei Überlastungsbeschwerden an Sehnen nach sportlicher Betätigung angewandt und ist ebenfalls eine Sache für Fachleute.
Bei fieberhaften Erkältungen, Entzündungen innerer Organe, Blutungen, Hauterkrankungen, akuten Venenentzündungen und offenen Wunden sollten Sie jedoch nicht einmal die helfenden Hände eines Masseurs an sich heranlassen.

Auch Männer werden krank – und zwar immer öfter

Jeder Mensch trägt für sich selbst die Verantwortung, davon sind auch wir Männer nicht ausgeschlossen.
Zwar verdrängen wir gern diese Tatsache, sofern es sich dabei um unsere Gesundheit dreht – doch auch wir Männer müssen das Thema Vorsorge ernst nehmen.
In den vorangegangenen Kapiteln haben Sie bereits etwas über verschiedene Erkrankungen erfahren, deren Ursachen beispielsweise in mangelnder Bewegung oder falscher Ernährung liegen. Die logische Schlußfolgerung ist also, und das kann nicht oft genug wiederholt werden, daß wir uns pflegen und so gesund wie nur irgend möglich leben. Dazu gehört natürlich auch, daß wir uns selbst beobachten.
Während wir über die häufig bei Männern auftretenden Krankheiten wie Herzinfarkt, Schlaganfall und Lungenkrebs bereits eine ganze Menge wissen, sind die wirklichen „Männerleiden" offensichtlich absolut kein Thema. Alles, was sich unterhalb der Gürtellinie befindet, scheint jenseits aller männlichen Vorstellungen in bezug auf Beschwerden zu liegen. Darum wollen wir uns in diesem Kapitel etwas ausführlicher mit der reinsten Männersache beschäftigen.

Zwischen den Beinen lauert die Gefahr

Erkrankungen der Prostata

In jungen Jahren nehmen wir normalerweise keine Kenntnis von diesem kleinen Organ, das eigentlich immer nur in Verbindung mit „Altmänner-Krankheiten" gebracht wird – die Prostata. Diese etwa fünfzehn bis zwanzig Gramm schwere Drüse direkt unterhalb der Harnblase umschließt die proximale Harnröhre des Mannes distal des Blasenausganges. Ihre Aufgabe besteht darin, ein Sekret zu produzieren, das während der Ejakulation der Samenflüssigkeit beigemengt wird und für die Versorgung und Beweglichkeit der Spermien sorgt. Die Prostata bildet also nicht nur eine funktionelle Einheit mit den Geschlechtsorganen, sie ist auch zugleich deren empfindlichstes Organ.

Während vor hundert Jahren Prostata-Beschwerden noch selten waren – nur wenige Männer erreichten damals das Alter, in dem die Drüse üblicherweise erkrankt –, steigt heute die Zahl der Prostata-Leiden in gleichem Maße wie die Lebenserwartung der Männer.

Nicht ohne Grund ist daher die Untersuchung der Prostata von den Krankenkassen auf die Liste der wichtigsten und für Männer ab dem fünfundvierzigsten Lebensjahr kostenlosen Vorsorge-Untersuchungen gesetzt worden. Am häufigsten tritt die Prostatitis, die Entzündung der Prostata, auf. Die Ursachen dieser Erkrankung, die von der Pubertät an praktisch jeden Mann in jedem Alter befallen kann, sind vielfältig.

Das Prostata-Karzinom hat sich nach dem Lungen- und Magen- beziehungsweise Darmkrebs zur dritthäufigsten bösartigen Geschwulsterkrankung beim Mann entwickelt. Ebenso schleichend entwickelt sich häufig das gutartige Prostata-Adenom, wobei es sich ebenfalls um eine Geschwulst handelt oder die Prostata-Hyperplasie, eine gutartige Vergrößerung der Prostata. Um diesen Prostata-Erkrankungen durch Früherkennung wirksam entgegentreten zu können, ist die regelmäßige Vorsorge-Untersuchung unerläßlich. Die Untersuchung selbst ist schmerzlos und einfach durchführbar: Die kastaniengroße Drüse kann vom Arzt leicht durch den Darmausgang abgetastet werden.

Doch auch Sie selbst können das Ihre dazu tun, um etwaige Erkrankungen frühzeitig zu erkennen. Dabei dürfen Sie natürlich keine falsche Scham an den Tag legen, nur weil sich das Leiden „unterhalb der Gürtellinie" befindet. Ihr Arzt wird häufiger damit konfrontiert. Was können sie also selber tun? In erster Linie ist es mal wieder eine Frage der gesunden Lebensweise und der ausreichenden körperlichen Bewegung, denn dadurch wird die Prostata, die beim ständigen Sitzen eingequetscht wird, besser durchblutet.
Zur Vermeidung einer Entzündung der Prostata – Prostatitis – sollte sie keinem Kälteschock ausgesetzt werden. Tauschen Sie also zum Beispiel nach dem Schwimmen Ihre nasse Badehose gegen eine trockene, meiden Sie kalte und feuchte Sitzgelegenheiten, und im Winter ist es opportun, sich immer gut warmzuhalten.
Die Prostatitis kann aber auch die Folge einer Geschlechtserkrankung sein. In diesem Fall wird eine Untersuchung beider Partner empfohlen, um die Gefahr einer wechselseitigen Pingpong-Infektion auszuschließen. Doch auch Partnerschaftsprobleme und Leistungsdruck können Ursache der Entzündung sein. Erste Symptome einer Prostatitis sind unter anderem: Brennen in der Harnröhre, leichter Ausfluß, vermehrter Harndrang und unklare Beschwerden in beiden Hoden oder in der Harnröhre sowie Schmerzen beim Samenerguß. Ein Besuch beim Arzt ist in allen Fällen unbedingt angesagt. Wird die Prostatitis zu spät erkannt, kann sie sich zu einem chronischen Leiden entwickeln.
Bei der Hyperplasie vergrößert sich die Prostata unter dem Einfluß einer sich im Alter verändernden Hormonlage. Die Harnröhre wird immer mehr eingeengt, woraus sich im fortgeschrittenen Stadium unangenehme Störungen wie: häufiger Harndrang bei Tag und vor allem auch bei Nacht, verzögerter Beginn und gleichzeitig langsames, lang andauerndes Wasserlassen bei schwachem oder gedrehtem Strahl und langes Nachträufeln des Harns. Die Prostata-Hyperplasie entwickelt sich sehr langsam, so daß es beim Auftreten der eben genannten Symptome dringend angeraten ist, einen Facharzt zu

konsultieren. Bei Nichtbehandlung kommt noch das zusätzliche Gefühl hinzu, die Blase nicht mehr richtig entleeren zu können, und im letzten Stadium stellt sich schließlich eine Harnverhaltung ein. Die Austreibungskraft der Blase versagt, und das Wasserlassen kann nur noch unter äußersten Schwierigkeiten erfolgen. Problematisch wird es jedoch vor allem, wenn die Blase nicht mehr vollständig entleert werden kann, denn durch den verbleibenden Restharn kann es zur bakteriellen Infektion kommen.
Leider gibt es auch in bezug auf das Prostata-Karzinom, wie bei allen anderen Krebserkrankungen, keine gezielte Prophylaxe. Die frühzeitige Erkennung ist nur durch regelmäßige Vorsorgeuntersuchungen möglich, denn der Prostata-Krebs verursacht im Anfangsstadium keinerlei Beschwerden. In Folge fortschreitender Entwicklung kommt es dann jedoch zu: Beschwerden beim Wasserlassen, Schwierigkeiten bei der Harnentleerung, Blutbeimengungen im Urin und Kreuzschmerzen.
Doch soweit dürfen Sie es wirklich nicht kommen lassen!

Erkrankungen der Hoden

Zu den Möglichkeiten der Früherkennung von Hodenerkrankungen wie Hodenentzündungen oder Hodenkrebs gehört neben dem routinemäßigen check up beim Arzt auch die Selbstuntersuchung: Einmal im Monat sollten Sie beim Baden – natürlich dürfen Sie auch öfter baden – oder beim Duschen, wenn die Haut des Hodensacks entspannt ist, die Hoden mit Daumen und Zeigefinger abtasten. Entdecken Sie dabei Knötchen, Verhärtungen oder Unebenheiten, ist es äußerst ratsam, unverzüglich einen Urologen aufsuchen.

Nicht immer auf der Sonnenseite

Hautkrebs

In Zusammenhang mit dem Thema Sonnenschutz wurde das Thema Hautkrebs bereits kurz angeschnitten.
Der schwarze Hautkrebs, im Medizinerdeutsch malignes Melanom genannt, hat seinen Ursprung in den Pigmentzellen der Haut. Diese Zellen lassen bekanntlich die Haut in der Sonne braun werden, doch sie sind auch an der Bildung von Pigmentmale, den Leberflecken oder Muttermalen, beteiligt, die wir fast alle irgendwo haben. Und die fast immer völlig harmlos sind. Doch vereinzelt können sie auch zu kleinen Tumoren entarten. Solche Krebszellen zerstören im Verlauf ihrer Entwicklung nicht nur die Haut, sondern breiten sich über die Blutbahn bis zu anderen Organen aus, wo sie Metastasen bilden. Die Folgen sind Ihnen sicher hinlänglich bekannt.
Hautkrebs ist jedoch heilbar – wenn er rechtzeitig erkannt wird. Dabei spielen Sie die wichtigste Rolle, denn auch als Laie können Sie die Warnzeichen Ihrer Haut erkennen und Ihren Arzt rechtzeitig auf Veränderungen hinweisen. Der erste Schritt dazu ist die regelmäßige Selbstkontrolle vom Kopf bis hinunter zu den Fußsohlen, von vorne bis hinten. Bereits nach dem zweiten oder dritten Mal kennen Sie jedes Fleckchen Ihrer Haut, und jede Veränderung oder Unregelmäßigkeit wird Ihnen auffallen.
Ein malignes Melanom macht sich in der Regel durch eins der folgenden sechs Signale bemerkbar:

* Ein Mal ist wesentlich dunkler, bis hin zu Schwarzbraun oder Schwarz, und hebt sich so deutlich von den anderen Malen ab.
* Ein Mal ist in Form und/oder Farbe unregelmäßig.
* Ein Pigmentmal verändert die Farbe. Es wird entweder heller oder dunkler.
* Ein Mal verändert die Größe.
* Nach jahrelangem Stillstand wächst ein Pigmentmal plötzlich wieder sichtbar.
* Sie spüren ein bestehendes oder neues Pigmentmal, weil es beispielsweise brennt oder juckt.

Sollten Sie also eins dieser Warnzeichen bemerken oder einfach nur das Gefühl haben, daß „irgend etwas" nicht stimmt, suchen Sie einen Dermatologen auf, denn bereits im Frühstadium kann der Arzt mittels einfacher Untersuchungen feststellen, ob die Veränderungen, die Ihnen aufgefallen sind, tatsächlich bösartiger Natur sind oder nicht.
Besondere Beachtung sollten vor allem die Männer ihrer Haut widmen, die sich über Jahre hinweg in extremer Weise intensiver UV-Strahlung ausgesetzt haben oder häufig einen Sonnenbrand hatten. Das gleiche gilt für die übermäßige Benutzung von Höhensonnen und Solarien. Ebenfalls kritisch sollten Sie mit Ihrer Haut umgehen, wenn Sie berufsbedingt Ihre Haut laufend chemischen Reizungen aussetzen oder wenn Sie einen Beruf im Freien ausüben und Ihre Haut starken Witterungseinflüssen ausgesetzt ist.

Unser Innerstes und seine Probleme

Lungen- und Bronchialkrebs

Um es gleich vorweg zu sagen: Männer erkranken etwa siebenmal so häufig an Lungenkrebs wie Frauen. Damit ist Lungenkrebs bei Männern die Krebsart Nummer eins. 90 Prozent der an Lungenkrebs Sterbenden sind Raucher.Sind Sie etwa auch Raucher? Und gehören womöglich noch zu den Männern, die täglich mehr als zehn Zigaretten konsumieren? Dann steigern Sie Ihr Krebsrisiko um das Achtfache. Fünfzehn bis vierundzwanzig Zigaretten erhöhen die Gefahr einer Krebserkrankung um das Zwanzigfache, und Kettenraucher könnten sich eigentlich gleich begraben lassen.
Doch auch für die ist es nie zu spät, dem Laster Nikotin abzuschwören, denn der Körper baut den Teer in den Lungen langsam wieder ab. Das Risiko einer Lungenkrebserkrankung für einen Ex-Raucher nach zehnjähriger Tabakabstinenz gleicht bereits annähernd dem eines lebenslangen Nichtrauchers.

Am besten wäre es also, wenn Sie gar nicht erst rauchen würden. Denn als Nichtraucher haben Sie die größten Chancen, dem Lungenkrebs zu entgehen.

Ebenso gefährdet wie die Raucher sind aber auch Männer, die aus beruflichen Gründen mit lungenkrebserregenden Stoffen in Kontakt kommen. Dazu zählen unter anderem Chrom, Nickel, Silikate, Arsen, Asbest, Teerdämpfe und radioaktive Substanzen.
Die ersten Anzeichen bei Lungen- und Bronchialkrebs sind ausgesprochen dürftig und alles andere als charakteristisch. Daher ist es unglaublich wichtig, daß Sie die folgenden Symptome, die auf Lungenkrebs hinweisen können, aber nicht müssen, ernst nehmen:

* Anhaltender Reizhusten,
* Auswurf von Schleim,
* Grippe, chonische Bronchitis und Lungenentzündung über drei bis fünf Wochen,
* Dauerheiserkeit,
* ein unbestimmtes Druckgefühl, schmerzende Beschwerden im Bereich des Brustkorbs, des Halses und der Schultern,
* Erschöpfungszustände und Leistungsabfall,
* Appetitlosigkeit und Gewichtsverlust.

Eine rechtzeitige Diagnose kann bei Lungen- und Bronchialkrebs allerdings nur durch regelmäßige Röntgenuntersuchnungen erfolgen. Machen Sie also Ihren Arzt frühzeitig auf Ihre Beobachtungen und Risikofaktoren aufmerksam.

Magenkrebs

Die Ursachen, die zur Bildung von Krebsgeschwüren im Magen führen, sind auch heute noch teilweise rätselhaft. Trotzdem sind die Heilungschancen im Falle einer Früherkennung relativ hoch. Doch die Realität sieht düster aus: Fast jeder zweite Magenkrebs wird zu spät erkannt. Und das liegt nur daran, das die meisten Männer die ersten Symptome nicht ernst genug nehmen und daher zu spät einen Arzt aufsuchen. Erste Anzeichen sind in der Regel:

* Druck oder Schmerzen im Oberbauch,
* Abneigung gegen jegliche Art von Fleisch und Wurstwaren,
* Unpäßlichkeit, Völlegefühl, Appetitlosigkeit und unkontrollierter Gewichtsverlust,
* langanhaltendes Sodbrennen,
* Erbrechen (evtl. mit Blutbeimengungen),
* dunkler, fast schwarzer Stuhl, der auf Magen- oder Darmblutungen hinweist.

Natürlich können diese Beschwerden durchaus auch harmlosen Ursprungs sein, doch diese Entscheidung sollten Sie Ihrem Arzt überlassen.
Ganz besonders gilt dieses, wenn Sie einer Magenkrebs-Risikogruppe angehören, und das ist der Fall, wenn Sie:
– bereits an einem Magengeschwür operiert worden sind,
– erblich belastet sind,
– an chronischer Gastritis, sprich Magenschleimhautentzündung, leiden.

Sie müssen jedoch nicht unbedingt einer Risikogruppe angehören. Auch andere Faktoren begünstigen die Entstehung von Magenkrebs. Dazu gehört zum Beispiel Rauchen. Zahlreiche, zum Teil krebserregende Bestandteile des Tabakrauchs gelangen über den Speichel in den Magen. Alkohol greift die Magenschleimhaut an, und zu heiße oder extrem scharf gewürzte Speisen schädigen den Magen ebenso wie einseitige Ernährung, Eiweißmangel und ein Defizit an Vitamin B_1. Doch auch der Genuß von verkohlten Nahrungsmitteln wie Toast oder Grillgut kann das Magenkrebs-Risiko erhöhen.

Darmkrebs

Ebenfalls sehr stark von den Eßgewohnheiten abhängig ist der Darmkrebs. Je ballaststoffreicher und fettärmer die Ernährung ist,

um so geringer ist die Gefahr einer Erkrankung. Auch die Verweildauer des Darminhaltes im Verdauungstrakt scheint Untersuchungen zu Folge diesbezüglich eine große Rolle zu spielen. Danach verringert sich die Gefahr, an Darmkrebs zu erkranken, analog zur Schnelligkeit, mit der die verdaute Nahrung wieder ausgeschieden wird, denn dadurch wird verhindert, daß bestimmte Bakterien, die für den Verdauungsprozeß notwendig sind, Gallensäurereste im Darm abbauen, wobei krebserregende Stoffe – sogenannte Karzinogene – entstehen, die die Darmwand reizen.
Werden die ersten Warnzeichen beim Darmkrebs rechtzeitig beachtet, können heute bis zu 85 Prozent der auftretenden Fälle geheilt werden.
Voraussetzung ist natürlich, daß Sie die folgenden Symptome ernst nehmen und einen Arzt aufsuchen:

* Blutbeimengungen und/oder Schleimauflagerungen im Stuhl,
* Wechsel von Verstopfung und Durchfall,
* Blutig-schleimige Durchfälle.

Besonders anfällig sind folgende Personen:
- die an einer schweren und langwierigen Entzündung der Dickdarmschleimhaut leiden,
- die bestimmte Darmpolypen hatten oder haben,
- in deren Familie bereits früher Fälle von Darmkrebs aufgetreten sind, denn die Veranlagung zu dieser Krankheit kann erblich sein.

Wie in allen Fällen können Sie auch in bezug auf Krebserkrankungen im Darmbereich einiges dazu beitragen, um das Risiko so gering wie möglich zu halten:
Nehmen Sie regelmäßig mehrere kleine Mahlzeiten täglich zu sich, statt dreier großer und üppiger.
Ernähren Sie sich ausgewogen und abwechslungsreich. Dies gilt auch für etwaige Schlankheitskuren, denn die meisten Diäten sind ziemlich einseitig.
Versorgen Sie Ihren Körper mit ausreichender Flüssigkeit, damit ist allerdings kein Alkohol gemeint.

Sorgen Sie dafür, daß Sie ständig genügend Bewegung haben, besonders wenn Sie einer sitzenden Tätigkeit nachgehen.
Meiden Sie die regelmäßige Einnahme von Abführmitteln, denn dadurch wird der Darm träge.

Über Vorsorgemaßnahmen in Zusammenhang mit möglichen Krebserkrankungen zu schreiben hat mich ausgesprochen nachdenklich gestimmt; und ich hoffe, Ihnen ergeht es genauso, nachdem Sie dieses Kapitel bis hierher gelesen haben. Doch zum Glück gibt es genügend Symptome, die uns vor möglichen Krebserkrankungen warnen. Wir müssen nur Manns genug sein, sie als solche zu akzeptieren. Denn nur dadurch ist es möglich, Krebserkrankungen zu vermeiden oder zumindest so frühzeitig zu erkennen, daß die Chancen einer Heilung noch gegeben sind. Die Deutsche Krebshilfe e.V. hat deshalb die folgenden Regeln gegen den Krebs aufgestellt, deren Befolgung ich Ihnen dringend anraten möchte:

1. Rauchen Sie nicht.
2. Verringern Sie Ihren Alkoholkonsum.
3. Vermeiden Sie starke Sonnenbestrahlung.
4. Folgen Sie den Gesundheits- und Sicherheitsvorschriften am Arbeitsplatz.
5. Essen Sie häufig frisches Obst und Gemüse sowie Getreideprodukte mit hohem Fasergehalt.
6. Vermeiden Sie Übergewicht.
7. Gehen Sie zum Arzt, wenn Sie eine ungewöhnliche Schwellung bemerken, eine Veränderung an einem Hautmal oder eine abnorme Blutung.
8. Gehen Sie zum Arzt, wenn Sie andauernde Beschwerden haben.
9. Gehen Sie einmal im Jahr zur Krebsfrüherkennungsuntersuchung.

Durchblicke

Gutes Sehen wird immer wichtiger, denn immerhin nimmt der Mensch über 80% seiner Eindrücke, und die werden ständig vielfältiger, über das Auge auf. Auch am Arbeitsplatz steigen die Anforderungen, und der Autoverkehr nimmt stetig zu.
Mit vierzig hat man(n) zwar normalerweise diesbezüglich den „Durchblick", zumindest soweit es das Leben anbelangt. Doch sonst ist es häufig nicht mehr weit her mit den Augen, denn auch die Sehfähigkeit läßt langsam nach. Frühe Anzeichen dafür sind in den meisten Fällen Kopfschmerzen, Flimmern und Blitze vor den Augen. Sollten sich also diese oder andere Symptome bei Ihnen bemerkbar machen, rate ich Ihnen dringend, einen Augenarzt aufsuchen. Aber auch ohne diese Vorboten ist es angesagt, ab 40 regelmäßig seine Augen im Interesse des Wohlbefindens und der Sicherheit überprüfen zu lassen.

Bevor ich auf mögliche Sehfehler eingehe, möchte ich Ihnen einen kurzen historischen Überblick zum Thema Sehhilfen geben. Schließlich ist es ja nichts Neues, daß die Menschheit von jeher weitblickend genug war, um Kurzsichtigkeiten zu vermeiden – auch wenn man manchmal gegenteiliger Auffassung sein könnte.

Als „weitsichtig“ erwiesen sich bereits lange vor unserer Zeitrechnung chinesische Mandarine. Sie sollen große Brillen ohne optische Korrektur getragen haben, um noch würdevoller und respektabler zu erscheinen. Die Zeiten ändern sich tatsächlich nie – Mandarine gibt es immer und überall. Überhaupt begann man sehr früh den Männern, denn „natürlich“ waren es anfangs nur Männer, die auf eine Sehhilfe angewiesen waren, eine wesentliche Eigenschaft zuzuschreiben: Man sagte ihnen nach, daß sie gebildet seien.
och zurück zur Geschichte der Brille als Sehhilfe. Sie beginnt erst wesentlich später. Im 11. Jahrhundert erwähnt der arabische Gelehrte Ibn el Heitham den sogenannten Lesestein, einem halbkugelförmig geschliffenen, transparenten Stein, der aufgrund seines vergrößernden Effekts direkt auf das Schriftstück gelegt wurde. Konrad von Würzburg beschrieb das Modell „Einglas“ 1275 allerdings etwas komplizierter: „... Er (gemeint ist der Krystall) hat in sich die große und gewaltige Art / daß nie eine Schrift so klein wäre, / ihr Aussehen in ihm würde größer. / Wenn dieser Stein / sie überdacht und übergriffe, / sofern ihn jemand dünn schliffe / und auf die Schrift halten wollte, / der sähe durch ihn die kleinen Buchstaben / größer erscheinen.“ Ungefähr aus gleicher Zeit stammt die früheste bekannte Darstellung eines Einglases aus Konstanz. Die erste Abbildung einer Nietbrille in Treviso stammt aus dem Jahre 1352. 1494 findet man im „Narrenschiff“ die Zeichnung einer Bügelbrille.
Überspringen wir ein paar Jahrhunderte und kommen zur nächsten wesentlichen Entwicklung: Im Jahre 1716 unterscheidet C. G. Hertel bereits in seinem Buch „Vollständige Anweisung zum Glaßschleifen“ drei verschiedene Glasstärken.
1784 entwickelt B. Franklin in den USA die erste Zweistärkenbrille. 1827 empfiehlt der Engländer G. B. Airy sphäro-zylindrische Gläser zur Behebung des Augenastigmatismus. 1836 erhält I. Schnaitmann in den USA ein Patent auf Bifokalgläser, die aus einem Stück gefertigt werden, und 16 Jahre später fertigen Moussier und Boulland Bifokalgläser aus zwei verschiedenen Linsen an. Die Stärke der Brillengläser wird seit 1872 einheitlich mit Dioptrien gekennzeichnet. Im Jahre 1912 bringt die Firma Zeiss erstmals „Punktal“-Gläser auf den Markt, bei denen der Astigmatismus schiefer Bündel für Blick-

winkel bis zu 35 Grad beseitigt ist, und 1920 gelingt es einem anderen Unternehmen, „Largon"-Gläser herzustellen, bei denen der Refraktionsfehler beseitigt ist. Seit 1955 gibt es die leichten Kunststoffgläser.

Soweit die Geschichte, doch kommen wir jetzt zum Auge selbst. Unser Auge ist ganz darauf eingestellt, Licht zu empfangen. Durch sein optisches System, bestehend aus Hornhaut, Kammerwasser, Linse und Glaskörper, beeinflußt durch die Regenbogenhaut (Pupille), gelangt das Licht auf die Netzhaut. Diese dünne Haut, die sich im Inneren des Auges befindet, enthält lichtempfindliche Zellen, die vom einfallenden Licht gereizt werden. Diese Reize werden in Erregung umgesetzt, die wiederum durch die Sehnerven in den als Sehzentrum bezeichneten Teil des Gehirns gelangen und die Wahrnehmung auslösen.
Abweichungen davon führen zur Fehlsichtigkeit, die die Leistungsfähigkeit, also die Sehkraft, herabsetzt. Am häufigsten treten Kurzsichtigkeit und Übersichtigkeit auf.

Die **Kurzsichtigkeit** (Myopie) ist meist erblich bedingt. Ursache für diesen Sehfehler ist ein zu lang gebautes Auge. Während bei Normal- oder Rechtsichtigen von Natur aus die aus der Ferne kommenden Lichtstrahlen nach der Brechung durch die Hornhaut und der Linse auf der empfangenden Netzhaut ein scharfes Bild ergeben, werden die Strahlen bei Kurzsichtigen im Auge vor Erreichen der Netzhaut vereinigt, so daß das Bild unscharf wird.
Nun muß man zwischen zwei Arten von Kurzsichtigkeit unterscheiden. Zum einen gibt es die sogenannte Schulkurzsichtigkeit – aus dem Alter sind wir allerdings heraus –, die so genannt wird, weil sie im Schulalter auftritt und am Ende unserer Wachstumsphase zum Stillstand kommt, und zum anderen die progressive oder fortschreitende Myopie. Sie ist altersunabhängig und kann im Laufe der Zeit gefährliche Ausmaße annehmen, die von Veränderungen der Netzhaut mit Sehschärfenmängeln, die durch eine Brille nicht mehr korrigierbar sind, bis schlimmstenfalls sogar zur vollständigen Erblindung reichen können. Zum Glück ist diese Form der Kurzsichtigkeit jedoch recht selten.

Die Korrektur erfolgt mittels einer Zerstreuungslinse, einem sogenannten Minusglas.

Bei der **Weitsichtigkeit** ist das Auge zu kurz, während das kurzsichtige Auge zu lang ist. Dadurch können sich die aus der Ferne eintretenden Lichtstrahlen bei normaler Brechkraft nicht zu einem Bild auf der Netzhaut vereinigen. Theoretisch würden sie sich ohne Korrektion erst hinter dem Auge treffen. Allerdings kann der Weitsichtige dafür besser als der Kurzsichtige in der Ferne sehen.
Nun muß man wissen, daß jeder Mensch, unabhängig davon, ob rechtsichtig oder fehlsichtig, im gleichen Maße die Fähigkeit besitzt, von fern auf nah oder umgekehrt einzustellen. Der Weitsichtige, gleich welchen Alters, muß also beispielsweise ein bestimmtes Maß an Fähigkeit aufwenden, um in der Ferne scharf zu sehen. Um aber auch im Nahbereich scharf sehen zu können, muß der zur Verfügung stehende „Betrag" dieser Fähigkeit voll genutzt werden. Da der Weitsichtige aber schon einen beträchtlichen Teil dieses „Betrags" für die Ferne nutzen muß, macht sich bei ihm die Abnahme der Elastizität der Augenlinse früher bemerkbar. Es kommt zur Presbyopie, auch Alterssichtigkeit genannt.
Im Gegensatz zum Normalsichtigen, der erst mit etwa 45 Jahren Schwierigkeiten hat, seine Zeitung im üblichen Abstand zu lesen, ist dies eben beim Weitsichtigen schon zu einem früheren Zeitpunkt der Fall. Deshalb braucht er zum Ausgleich eine Lesebrille. Im Laufe der Jahre verstärkt sich diese Alterssichtigkeit, so daß schließlich auch für mittlere Entfernungen ein Ausgleich durch ein sogenanntes Mehrstärkenglas oder ein Gleitsichtglas geschaffen werden muß.
Die Korrektur erfolgt bei Weitsichtigkeit über eine Sammellinse, ein Plusglas.
Leider kann Weitsichtigkeit auch problematische Begleiterscheinungen haben, wie beispielsweise ein Spannungs- und Druckgefühl im Bereich der Nasenwurzel oder der Schläfen. Auch massive Kopfschmerzen, die zunächst nicht auf eine Fehlsichtigkeit zurückgeführt werden, können als Symptome einer Weitsichtigkeit auftreten.

Ein anderer, weitverbreiteter Sehfehler ist der **Astigmatismus.** Damit ist eine Hornhautverkrümmung oder auch Stabsichtigkeit gemeint. Der Astigmatismus kann sowohl in Verbindung mit der Kurz- als auch mit der Weitsichtigkeit oder als eigenständige Fehlsichtigkeit auftreten. Da die auf das Auge auftreffenden parallelen Lichtstrahlen durch die ungleichmäßige Hornhautwölbung nicht in jedem Hornhautabschnitt gleich stark gebrochen werden, kann auf der Netzhaut kein klares Bild entstehen. So erscheinen zum Beispiel Punkte als Linie oder Stab – daher der Name Stabkrankheit – und Kreise als Ellipsen.
Ein geringerer Astigmatismus, bis etwa 0,5 Dioptrien, liegt bei 50% der Menschen vor und bedarf meist keiner speziellen Korrektur. Allerdings kann es jedoch häufig zu asthenopischen Beschwerden wie Kopfschmerzen, Augenbrennen usw. kommen. Im Falle dieser Symptome ist eine Korrektur angesagt.

Sollte Ihre Sehschärfe also nachlassen oder sonstige Beschwerden auftreten, die von den Augen kommen könnten, konsultieren Sie einen Augenarzt. Er wird Ihre Augen untersuchen und Ihnen gegebenenfalls eine Brille verordnen. Natürlich kann auch ein Optiker Ihre verbliebene Sehstärke diagnostizieren, aber da Sie gleichzeitig Ihren Augendruck und Augenhintergrund überprüfen lassen sollten, ist der Besuch bei einem Facharzt angesagt.

Welche Brille paßt zu welchem Typ?

Seit die Brille von der „Krücke“ zum modischen Accessoire mit Sehhilfe avanciert ist, hat auch für uns Männer die Frage, was wir auf der Nase tragen, eine neue Dimension erlangt. Das Problem liegt also nicht nur allein wie noch vor ein paar Jahren, als eine Brille einem das Stigma „alt“ verlieh, in der Tatsache, nicht mehr gut sehen zu können, sondern in der richtigen Fassung.

Hat man einmal die Hürde Augenarzt hinter sich gebracht und die „Legitimation" zum Tragen des verändernden Accessoires in der Tasche, beginnt die schwierige Suche nach dem richtigen Rahmen für unseren Blick – denn schließlich sitzt die Brille mitten im Gesicht und prägt das Erscheinungsbild ganz wesentlich. Das kann jedoch sogar von Vorteil sein: Wenn Farbe und Form ideal zum Typ, zur Gesichtsform, zur Hauttönung und zur Haarfarbe passen, kann die Brille das Aussehen entscheidend zum Positiven korrigieren.
Ich möchte Ihnen ein paar kleine Tips geben, die Ihnen helfen sollen, sich für das richtige Modell zu entscheiden. Bei den Preisen heutzutage ist eine Brille ohnehin auch keine Anschaffung, die man so nebenbei erledigt. In meiner Jugend konnte man für das Geld noch einen ganzen Gebrauchtwagen bekommen. Die Anschaffung sollte also gut überlegt sein.
Bevor Sie sich auf die Suche nach einer Fassung machen, sollten Sie Ihr Antlitz wieder einmal gründlich im Spiegel betrachten. Die Gesichtsform – dreieckig, rund, lang, kantig oder oval – läßt sich am besten nach dem Duschen erkennen, wenn die Haare naß anliegen.

Eine Faustregel besagt: Die Brillenform sollte die Gesichtsform nicht unterstreichen, sondern ihr entgegenwirken.
Das sieht folgendermaßen aus: Beim dreieckigen Gesicht liegt das Problem in einer breiten Stirn-Augen-Partie. Um diese Dreiecksform des Gesichtes nicht noch stärker zu betonen, sollte eine leichte Fassung gewählt werden. Am vorteilhaftesten sind diesbezüglich runde oder ovale Modelle.
Ein rundes Gesicht braucht einen markanten Blickfang – deshalb tragen beispielsweise viele gutgenährte Politiker eine Hornbrille.
Sehen Sie im Spiegel ein längliches Gesicht, sollten Sie sich für eine Brille entscheiden, die Ihr Gesicht unterteilt – hierzu eignen sich vor allem Fassungen, die oben gerade sind.
Der Mann mit dem ausgeprägt eckigen Kinn sollte nach einem Gestell mit möglichst großer Sehfläche fahnden, wie wir sie bei runden, tropfenförmigen oder randlosen Fassungen finden. Auch interessante Tönungen des Glases sind geeignet, die Strenge dieser Gesichtsform zu mildern.

Ob rund, oval, eckig, länglich oder wie auch immer – die Brillenmode hat für jedes Gesicht die richtige Fassung.

Der Typ mit dem ovalen Gesicht hat gut lachen, denn da zu seinem Gesicht fast jede Brille paßt, darf er etwas mutiger als die anderen sein. Ansonsten sieht er mit einer klassischen oder modisch-professoralen Form perfekt aus.

Abgesehen von der Form des Gestells, spielt auch dessen **Farbgestaltung** eine große Rolle. Sollten Sie beispielsweise zu den etwas blasseren Typen gehören, kann eine dunkle Fassung zu dominierend sein, selbst wenn Ihnen die entsprechende Farbe in der Kleidung gut steht. Umgekehrt kann natürlich eine helle oder transparente Brillenfassung in zu starkem Kontrast zu einem dunklen Teint stehen.

Fazit: Die Brille ist also auch ein Stilmittel, das den Gesichtsausdruck bedeutend beeinflussen kann.
Außerdem verrät sie auch, wes Geistes Kind ihr Träger ist. Politiker und Wirtschaftsbosse bevorzugen meist einen Klassiker, mit oder ohne Fensterglas – siehe die Mandarine –, zum Beispiel die dicke Hornbrille, wobei längst nicht alles Horn ist, was so aussieht. Sportive Dynamiker blinzeln, häufig nervös, hinter der ebenfalls bereits klassischen Tropfenform hervor, und Modebewußte favorisieren derzeit kleine, schmale oder runde Sehhilfen.
Aber was trägt der Mann, der ganz einfach eine Brille zum Sehen braucht?

Selbst vor die Frage gestellt, begann ich jedes Optikergeschäft zu prüfen, das auf meinen täglichen Wegen lag. Schon nach wenigen Tagen hatte ich alle Auslagen durch und begann Haken zu schlagen. Schließlich sollte mir ja kein Modell entgehen. Die plastifizierte Vielfalt in sämtlichen Spektralfarben oder die Auswahl an schlichten und strengen Gestellen für Durchgeistigte verwirrte mich so sehr, daß ich mich müden Auges von den Schaufenstern abwandte und meine Blicke über Brillenträger – männlich markante, modisch bewußte, sportlich dynamisch erfolgreiche, intellektuelle und linksorientierte – streifen ließ. Und ich konzentrierte mich fortan auf die Werbung. Hier fand ich nur faltenlose Jünglinge, die trugen Modelle, deren Hersteller bereits ein höheres Preisniveau verrieten.
Ich betrachtete mich morgens beim Rasieren aufmerksam im Spiegel und versuchte, gewisse Ähnlichkeiten zwischen mir und diesen smarten, selbstbewußten Brillenträgern zu finden. Dabei stellte ich mir immer wieder die Frage: Welcher Typ bin ich?
Doch meine Frage verhallte unbeantwortet im Bad. Selbst Freunde und Kollegen konnten mir nicht helfen. Für die einen war ich ein Typ wie Woody Allen, für andere eher wie Frank Elstner, und wieder andere meinten, ich ginge in Richtung „Leo" Andreas Lukoschik. Zum Glück dichtete mir jedoch niemand Ähnlichkeiten mit Jürgen von der Lippe – wer ist das? – an. Gleichwohl bewirkten all die guten Ratschläge schließlich eins: Ich glaubte endlich zu wissen, was ich

nicht wollte, und damit war die Zeit reif, diesem ganzen Verwirrspiel ein Ende zu bereiten.
Beherzt betrat ich eines schönen Tages einen Optikerladen und trug mein Anliegen vor. Ein netter junger Mann – mit Brille natürlich – hörte mir geduldig zu und forderte mich auf, doch einfach von Regal zu Regal zu gehen und alle Fassungen aufzuprobieren, die mir gefielen. Gesagt, getan. Mit jedem neuen Modell wuchs das Vergnügen, die Veränderungen zu beobachten, die mit meinem Gesicht geschahen. Vor allem die Gestelle, die ich eigentlich nicht gewollt hatte, standen mir am besten. Schon bald häuften sich die Modelle der engeren Wahl. Nur, für welche Fassung sollte ich mich tatsächlich entscheiden? Der Fachmann schien meine erneut aufkeimende Unsicherheit zu spüren und verwickelte mich in ein Gespräch, um herauszufinden, welche Anforderungen ich an eine Brille stellen würde: Sie sollte nicht nur zeitgemäß, sondern auch funktional sein. Die Kriterien guter Sitz und möglichst uneingeschränkte Sicht müssen ebenso erfüllt werden wie Stabilität und Bruchsicherheit.
Tropfenförmige Modelle zum Beispiel bieten ein großes Blickfeld, da der Rahmen bereits außerhalb des Sichtfeldes liegt. Ebenfalls als günstig erweisen sich aus diesem Aspekt heraus rahmenlose Modelle. Beide Gestelle haben obendrein den Vorteil, daß man auch aus den Augenwinkeln etwas sehen kann, ohne dauernd den Kopf bewegen zu müssen. Im Gegensatz dazu stehen die kleinen Brillen. Sie begrenzen den Blick noch innerhalb des Wahrnehmungsfeldes.
Überhaupt sollte man auf das Material der Fassung achten. Grundsätzlich ist erst einmal zu bemerken, daß es eine Frage der Qualität und damit auch eine Frage des Preises ist. Das heißt natürlich nicht, daß nur teure Fassungen gut sind, aber Qualität hat nun mal ihren Preis. Am besten sind nach wie vor natürliche Stoffe, wie Titan beziehungsweise bestimmte Metallegierungen ohne Nickel, Büffelhorn oder Schildpatt (wird aufgrund des Artenschutzgesetzes kaum noch verarbeitet: Heute gibt es Firmen, die eigens dafür Schildkröten züchten), da sie ausgesprochen hautfreundlich sind. Kunststoffgestelle hingegen werden aus Erdöl hergestellt und verursachen häufig Irritationen der Haut. Ausgenommen davon ist Optyl, ein sehr hochwertiger und chemisch stabiler Kunststoff.

Wer eine Brillenfassung braucht, die besonderen Belastungen ausgesetzt wird, sollte sich beraten lassen. Am günstigsten sind diesbezüglich im Prinzip Kunststoff- und Metallgestelle. Es gibt beispielsweise Metallverbindungen, die auch bei überdurchschnittlicher Luftfeuchtigkeit – in tropischen Ländern oder Labors – nicht korrodieren. Andere Materialien werden trotz schneller, krasser Klimaschwankungen nicht brüchig.
Die wichtigsten Kriterien für das **Gestell,** auf die der Optiker Sie bei der Auswahl Ihrer Brille aufmerksam machen sollte, sind folgende:

* Das Gestell sollte hautfreundlich und resistent gegen Schweiß sein.
* Je leichter die Fassung ist, um so komfortabler ist sie.
* Die Bügel dürfen nicht zu dicht am Kopf anliegen.
* Wählen Sie auf jedem Fall eine Fassung, die allen Ihren Belangen entspricht, denn Sie sollten Ihre Brille ständig tragen können.
* Nach vier Wochen sollten Sie Ihren Optiker noch einmal aufsuchen, um die Anpassung überprüfen zu lassen.

Genauso sorgfältig wie die Entscheidung für das richtige Gestell sollten Sie auch die Frage nach den entsprechenden **Gläsern** erwägen.
Getönte Gläser haben zwar den Vorteil, empfindliche Augen vor grellem Licht zu schützen, sind aber bei Dämmerung und Dunkelheit zum Autofahren nur bedingt geeignet. Ausschlaggebend ist der Grad der Tönung. Der Grenzwert liegt jedenfalls bei 25% inklusive Tönung der Autoscheiben. Das gleiche gilt übrigens auch für phototrope, also lichtveränderliche Gläser, die sich nur langsam den Helligkeitsveränderungen anpassen können. Empfehlenswert sind hingegen entspiegelte Gläser, weil dadurch die Reflexionen fast vollständig gefiltert werden, so daß sie das Auge nicht mehr ablenken können.
Auch hier der Rat vom Optiker:

* Kunststoffgläser bieten den optimalen Tragekomfort. Sie sind leichter und dünner als herkömmliche Gläser, aber sie zerkratzen schneller und sollten daher nur unter fließendem Wasser gereinigt werden.

* Statt für getönte oder phototrope Gläser sollten Sie sich lieber für zwei Brillen entscheiden, eine normale Brille und eine geschliffene Sonnenbrille.
* Gleitsichtgläser für Kurz- und Weitsichtige, die weitestgehend die Bifokalgläser abgelöst haben, garantieren scharfes Sehen in allen Entfernungen und verhindern einen Bildsprung.

Sehhilfen für Eitle?

Kontaktlinsen

Daß man Sehfehler nicht nur durch Brillen korrigieren kann, weiß die Welt seit gut 100 Jahren. Man schrieb den März 1888, als die Doktorarbeit von Adolf Eugen Fick (1852–1937) unter dem Titel „Eine Contactbrille" im Archiv für Augenheilkunde veröffentlicht wurde. Fick beschrieb seine Entwicklung darin folgendermaßen: „Die Contactbrille besteht in einem dünnen, von concentrischen und parallelen Kugelsegmenten begrenzten Glasschälchen. Dasselbe wird auf das Auge gelegt und der Zwischenraum zwischen Gläschen und Augapfel mit einer Flüssigkeit (Traubenzuckerlösung, Anm. d. Verf.) gefüllt, welche denselben Brechungsexponenten hat wie die Cornea." Daher übrigens auch der Name Cornealinse. Sie liegt im wesentlichen im Bereich der Hornhaut (Cornea) an. Die Sklerallinse liegt dagegen im wesentlichen im Bereich der Sklera, also der Lederhaut an. Auf jedem Fall waren die Linsen in jenen Tagen noch ziemlich furchterregend und wenn man noch die Unverträglichkeits- und Hygieneprobleme in Betracht zieht, so ist der Vormarsch der Brille schnell erklärt.
Während die Brille also zum Accessoire avancierte und unter den Sehschwachen den Status eines modischen „must" erlangt hat, sind die Kontaktlinsenträger noch immer ein eigenes Völkchen. Da gibt es zum einen die Zeitgenossen, für die eine Brille gleichbedeu-

tend mit dem Alter setzen und zum anderen die Gutaussehenden, die ihr Gesicht nicht durch eine Brille entstellen wollen. Und dann gibt es noch die Gruppe der praktischen Zeitgenossen, die erkannt haben, daß sie mit Kontaktlinsen einen wesentlich größeren Freiraum haben. Nicht umsonst haben sich daher die Unsichtbaren vor allem im Sport schon lange durchgesetzt, und das hat mit Eitelkeit gewiß nichts zu tun.
So rasch, wie sich die Brillenmode ändert, so rasch schreitet auch die Entwicklung der Kontaktlinsen voran. Längst gibt es nicht mehr nur die herkömmlichen Hartlinsen (PMMA = Polymethylmetacrylat oder ganz einfach Plexiglas und CAB = Cellulose-Aceton-Butyrat), sondern auch weiche Linsen (HEMA = Hydroxylaethylmetacrylat), hochgaspermeable Linsen, Disposable Lenses und als kleinen modischen Gag Farblinsen, die zur Abwechslung einmal braune Augen in blaue oder grüne verwandeln können.
Und in puncto Sonnenschutz bieten die Hersteller Blendschutz-Kontaktlinsen an. Sie sind braungefärbt, reduzieren die Blendung und absorbieren die kurzwelligen UV-Strahlen. Dadurch sind sie zwar ein guter Sonnenschutz, stellen aber keinen gleichwertigen Ersatz für eine Sonnenbrille dar, denn sie decken nur einen kleinen Teil des Auges ab.

Gutes Sehen am Arbeitsplatz

Bleiben wir jedoch in praktischeren Bereichen: Kontaktlinsen schränken das Blickfeld nicht ein und machen jede Augenbewegung mit, denn ihr scharf abbildendes Zentrum liegt immer vor der Pupille. Ein Brillenträger muß hingegen den Kopf hin und her bewegen, um den Überblick zu behalten. Im Gegensatz zu Brillengläsern können Kontaktlinsen auch nicht beschlagen, und bei Regenwetter behält man ebenfalls einen klaren Blick.

Diese Aussagen mögen zwar wie aus einer Werbebroschüre für Kontaktlinsen klingen – entsprechen aber den Tatsachen. Dadurch sind Kontaktlinsen natürlich auch für viele Berufsgruppen vorteilhaft. Sie stört beispielsweise nichts beim Blick durch die Kamera, durchs Mikroskop oder andere optische Geräte, und nichts drückt unter Schutzhelmen und -brillen.
Doch egal, ob Kontaktlinsen oder Brille, die modernen Arbeitsbedingungen sind so vielfältig, daß ich hier nicht im einzelnen darauf eingehen kann.
Stellvertretend dafür möchte ich an dieser Stelle daher nur auf den **Bildschirm-Arbeitsplatz** eingehen. Schließlich handelt es sich aber auch um den Arbeitsplatz der Zukunft.
Computer stellen hohe Anforderungen an unsere Augen. Um sie vor Schäden zu schützen und Kopfschmerzen, nachlassende Leistungsfähigkeit und rasche Ermüdung zu vermeiden, muß der Arbeitsplatz richtig gestaltet werden. Besonders wichtig ist dabei die **Beleuchtung.** Lampen sollten deshalb so installiert werden, daß man nicht direkt hineinschauen und damit nicht geblendet werden kann.
Gleichzeitig sollten Sie darauf achten, daß es weder Reflexe noch Spiegelungen auf dem Monitor gibt. Da der Bildschirm jedoch gewölbt ist, können Spiegelungen aus einem extrem großen Winkelbereich auftreten: Selbst an der Decke liegende Lichtquellen oder seitlich angeordnete Fenster können noch störende Reflexe verursachen, die die visuelle Informationsaufnahme entscheidend behindern können.
Deckenleuchten sollten deshalb über oder kurz hinter dem Arbeitsstuhl angebracht sein. Besonders empfehlenswert sind dabei Neonröhren oder spezielle Lampen für den Bildschirm-Arbeitsplatz. Spiegelungen durch Fenster können häufig schon durch eine leichte Drehung des Monitors oder notfalls des gesamten Arbeitsplatzes vermieden werden. Aber auch ein heller oder gar weißer Schreibtisch kann störende Spiegelungen verursachen.
Um ein ermüdungsfreies Sehen zu gewährleisten, ist ein optimaler **Abstand zwischen Auge und Bildschirm** sowie die richtige Anordnung von Monitor, Tastatur und Vorlage wichtig. Das heißt,

man sollte so sitzen, daß der Abstand zwischen Auge und Tastatur, Vorlage und Monitor zwischen 54 und 60 cm beträgt.
Entscheidend ist aber auch die **Sitzposition.** In entspannter Haltung sollte der Winkel zwischen Kopf und Körper 10 bis 15 Grad betragen. Die Augenachse ist in Ruhestellung zusätzlich um etwa 15 bis 20 Grad nach unten geneigt, so daß der kopf- und augenbezogene optimale Blickbereich bei mittlerer Sitzhaltung etwa 25 bis 35 Grad gegen die Horizontale nach unten geneigt ist.
Sollten trotz der optimalen Ausrichtung Ihres Bildschirm-Arbeitsplatzes Beschwerden in Form von Kopfschmerzen, Konzentrationsstörungen oder Müdigkeitserscheinungen auftreten, suchen Sie einen Augenarzt auf. Im Grunde sollte man seine Augen auf jedem Fall überprüfen lassen, wenn man einer Dauertätigkeit am Bildschirm nachgeht. Untersucht werden dabei Tagessehschärfe, Farbtüchtigkeit, räumliches Sehvermögen und Koordination der Augen. Eventuelle Sehschwächen lassen sich in den meisten Fällen durch eine Brille korrigieren, die den speziellen Anforderungen einer Tätigkeit am Bildschirm gerecht wird.

Es kommt immer auf den Blickwinkel an

Sehen beim Sporttreiben

Sie brauchen an dieser Stelle absolut nicht aufzuatmen. Es gibt keine Entschuldigung, als Brillenträger keinen Sport treiben zu können. Für jede Sportart wurden in den letzten Jahren spezielle Brillen konstruiert. Wem trotzdem die Gefahr, sich zu verletzen, zu groß ist oder wer für seinen Sport – wie Tennis, Squash und andere Ballspiele – ein großes Blickfeld braucht, sollte sich für Kontaktlinsen entscheiden.

Notwendigkeit und Mode

Sonnenbrillen

Das menschliche Auge hat sich im Laufe der Evolution zwar den Lichtverhältnissen seiner Umgebung angepaßt, doch haben sich Umwelt und Lebensbedingungen in den letzten Jahrzehnten einschneidend verändert. Ein Beispiel dafür sind unserer Städte. Häuserfronten und asphaltierte Straßen haben bei Sonnenschein nämlich eine wesentlich höhere Leuchtdichte als eine sonnenbeschienene Wiese.

Das Auge kann sich zwar auf unterschiedliche Helligkeiten einstellen, doch endet diese Möglichkeit bei einem ganz bestimmten Grenzwert der Leuchtdichte. Darüber hinaus fällt die Unterschiedsempfindlichkeit und damit auch die Sehschärfe wieder ab. So liegt beispielsweise eine sonnenbeschienene Straße mit ihrer Leuchtdichte weit über dem Wert, der für das Auge auf Dauer erträglich ist. Abhilfe kann dann nur eine Sonnenbrille mit einer ausreichenden Lichtdämpfung schaffen. Auch wurden künstliche Lichtquellen geschaffen, die andere Eigenschaften besitzen als die Sonne. Darüber hinaus führen die Reduzierung der Ozonschicht und andere atmosphärische Einwirkungen dazu, daß in bestimmten Bereichen eine höhere Strahlenbelastung auftritt. So können bei der Einwirkung des Lichtes und der UV-Strahlung auf das Auge Schäden der unterschiedlichsten Art auftreten.

Beim Sonnenschutz für die Augen geht es also nicht nur um die Dämpfung des sichtbaren Lichtes und damit vor der Blendung, sondern auch um den Schutz vor der unsichtbaren kurzwelligen ultravioletten Strahlung, die bei entsprechender Intensität nicht nur zu schmerzhaften Entzündungen der Binde- und Hornhaut führen kann. Ist die Netzhaut beispielsweise über einen längeren Zeitraum der Belastung durch kurzwelliges, sichtbares Licht ohne Schutz ausgesetzt, kann es zur Zerstörung bestimmter Segmente und schließlich zum völligen Untergang der lichtempfindlichen Zellen kommen, die das Sehen vermitteln. Eine andere Erkrankung, die ebenfalls auf die

UV-Absorption zurückzuführen ist, kann zur Trübung der Augenlinse, dem grauen Star, führen.
Sonnenbrillen, die nur das sichtbare Licht dämpfen, schaden daher mehr, als sie nützen, denn sie setzen den Schutzmechanismus des Auges außer Kraft. Ohne den Schutz der dunklen Gläser würde uns die Helligkeit zum Blinzeln oder Schließen der Augenlider zwingen, so daß die UV-Strahlen unsere Augen gar nicht treffen könnten.
Optimalen Schutz bieten deshalb nur Sonnenbrillen, die ultraviolette Strahlen vollständig herausfiltern.
Die Tönung der Gläser reduziert also das für das Auge sichtbare Licht. Die Filterung der UV-Strahlung findet jedoch im eigentlichen Material statt, wobei es keine Rolle spielt, ob es sich um Glas oder Kunststoff handelt. Ebensowenig ist dafür die Intensität der Tönung von Bedeutung. Die dunkelsten Gläser müssen daher nicht die besten Sonnenbrillen sein.
Weil die Blendungsempfindlichkeit individuell verschieden ist – Hellhäutige sind in der Regel lichtempfindlicher als Dunkelhäutige –, sollte die Intensität der Tönung auf den einzelnen abgestimmt sein. Mehr als 50 bis 70% des sichtbaren Lichtes braucht eine Sonnenbrille hierzulande im Normalfall jedoch nicht zu schlucken.
Wer hingegen gerne und viel Sport treibt –, wie Sie seit neuestem –, wird meistens mit extremeren Lichtverhältnissen konfrontiert. Von Wasser oder Schnee reflektiertes Sonnenlicht wird in seiner Wirkung potenziert und ist deshalb für unser Auge besonders gefährlich. In diesem Fall empfehlen sich homogen durchgefärbte Sonnenschutzgläser, deren Material einen Absorptionsgrad von 65 bis 85% aufweist. Allerdings sollten Sie darauf achten, daß die Sonnenschutzgläser homogen durchgefärbt sind, denn bei Verlaufgläsern, die unten heller sind als oben, kann das Licht nicht mehr in ausreichendem Maße absorbiert werden.

Zum Schluß noch ein paar Bemerkungen zum Thema Straßenverkehr und Sonnenbrillen:

* Sie sollten immer eine leicht zu handhabende Sonnenbrille im Handschuhfach haben.

* Fassung und Bügel sollten möglichst schmal sein, damit sie das Gesichtsfeld nicht einschränken.
* Die Gläser sollten der Form des Gesichtes nachempfunden sein. Dadurch kann seitlich einfallendes Sonnenlicht weniger blenden.

Als Tönungsfarben eignen sich vor allem Braun und Grau, weil sie die Signalfarben von Ampeln oder Warnlichtern am wenigsten verfälschen.
Beim Kauf von phototropen, also selbstverfärbenden Gläsern sollten Autofahrer bedenken, daß die Anpassung an veränderte Lichtverhältnisse, wie zum Beispiel beim Ein- oder Ausfahren aus einem Tunnel, nur sehr langsam erfolgt.
Bleiben wir noch beim Autofahren: Da, wie wir bereits wissen, über 80% unserer Sinneseindrücke über die Augen aufgenommen werden, ist optimales Sehen gerade im Straßenverkehr von geradezu lebenswichtiger Bedeutung. Deutlicher gesagt, je schlechter ein Kraftfahrer sieht, desto weniger Informationen, die seine Fahrleistung beeinflussen, kann er aufnehmen, und das bedeutet eine entsprechende Gefährdung der öffentlichen Sicherheit. Aufhorchen läßt in diesem Zusammenhang eine Studie des Zentrums für Verkehrsunfallverhütung, nach der 9,8% der Fahrer, die auf Befragen ihr eigenes Sehvermögen als gut einschätzten, nur über eine unzureichende Sehschärfe verfügten. Ein schlechtes Sehvermögen wurde bei einem Drittel der Probanden diagnostiziert, die der Meinung waren, ausreichend zu sehen.
Ursache für diese gravierenden Fehleinschätzungen ist zum einen der Umstand, daß leichte Sehfehler nicht erkannt werden, und zum anderen, daß verschiedene Sehfunktionen im Laufe des Lebens beinahe unmerklich nachlassen. Von daher sollte es also für uns verantwortungsbewußte Männer, die in jeder Hinsicht mitten im Leben stehen, absolut keine Frage sein, daß wir unsere Augen regelmäßig untersuchen lassen. Sowohl der Augenarzt, als auch der Optiker helfen Ihnen bei der Entscheidung, ob Brille oder Kontaktlinsen.

Klamotten machen Männer

Mode

Kommen wir zum Schluß unseres „Selbsthilfeprogramms“ noch zu einem Thema, das im weitesten Sinne ebenfalls etwas mit den vorangegangenen Kapiteln über Schönheit, Fitneß und Gesundheit gemein hat: unser Outfit.
Für viele Männer gibt es offensichtlich nur zwei Gründe, sich zu bekleiden. Zum einen ist es ihr Schamgefühl – zum Glück gilt es als unzüchtig, nackt auf die Straße zu gehen –, und zum anderen braucht der Mann unheimlich viele Taschen, um seine Papiere, Schlüssel, Terminkalender und so fort unterbringen zu können. Wahrscheinlich würden viele meiner Geschlechtsgenossen am liebsten sogar so weit gehen und ständig im Overall herumlaufen. Doch glücklicherweise sind diese „über alles“ tragbaren, aber nicht kleidsamen Einteiler mit den tausend Taschen vom modischen Standpunkt aus nicht mehr zwingend – und die Alternative, die Handgelenktaschen, hat es unter obigem Aspekt ebenfalls erwischt. Noch immer ist also unter Männern die Ansicht weit verbreitet, daß Kleidung nur einen Zweck zu erfüllen hat: Sie muß nichts weiter als zweckmäßig sein. Alle anderen Absichten, wie Imponieren, Demonstrieren und Modischsein, hat der Mann nicht nötig. Kritiker des zeit-

genössischen Modediktats gehen sogar so weit, zu behaupten, die Mode würde nur oberflächliche, irrationale und eitle Zeitgenossen dazu bringen, mindestens zweimal im Jahr von einer Verrücktheit in die nächste zu schlüpfen – Faszination und Macht zugleich.
Doch obendrein versinnbildlicht unser Outfit auch unseren sozialen Status, unser tatsächlich oder vermeintliches Image und zum Teil unsere jeweilige psychische Verfassung. Ein weiterer Grund, uns zu kleiden beziehungsweise zu verkleiden, besteht also darin, bewußt oder unbewußt Signale als Kommunikationsmittel zu setzen. Das heißt, wir weisen durch unsere Bekleidung, um nur ein paar Beispiele zu nennen, entweder auf unseren Beruf (Uniform, Arbeitskluft), unsere gesellschaftliche Stellung (Grauer Flanell, Designerklamotten, Gammellook oder hochwertige Materialien), Konformismus (Mode), Nonkonformismus (Jeans) beziehungsweise unseren jeweiligen Gemütszustand hin. Fröhlichkeit dokumentiert sich fast immer durch bunte Kleidung, während Kummer und Trauer in der Regel durch gedeckte Farben zum Ausdruck gebracht werden.
Natürlich hat unsere Kleidung auch eine Schutzfunktion. Doch die kann ein Mann – ein wahrer Mann – selbstverständlich nicht als Anlaß akzeptieren, seinen Körper den klimatischen Bedingungen entsprechend zu verhüllen. Schließlich macht es einem Mann, zumindestens der Überlieferung nach, nichts aus, wenn es regnet, schneit oder eine Affenhitze herrscht. Ein Mann friert nicht, und Schwitzen gehört dazu!

Bleiben wir jedoch beim Thema Optik, denn allem Widerspruch zum Trotz: Im Grunde ist das richtige Outfit für Männer ebenso wichtig wie für Frauen! „Das Bewußtsein, gut angezogen zu sein, kann tieferen Frieden verschaffen als Religion."
Der Mann, dem diese Weisheit zu verdanken ist, war der englische Philosoph, Journalist und Ingenieur Herbert Spencer (1820–1903). Und der hat sich mit seiner Aussage nachweislich auf kein Geschlecht festgelegt.
Allerdings hat dieser Frieden, wie wir alle sicherlich mehr als einmal erlebt haben, viele Gesichter – vor allem bunte bis schillernde: Denken Sie nur an die Reihe von Moden und modischen Strömungen,

die wir in den letzten vierzig Jahren mitgemacht haben. Kaum den kurzen Hosen entwachsen – als braver Bremer trug ich natürlich Lederhosen –, waren wir selig in Nyltesthemden, Blue Jeans, spitzen Schuhen mit hohen Toreroabsätzen, Flower-Power-Look mit indischen Hemden und Brokatwesten, Plateausohlen und Hosen mit Schlag, engen Pullovern aus Synthetik, Afro-Look und Latzhosen. Die Liste der teilweisen Geschmacksverirrungen ließe sich beliebig fortsetzen, aber ich denke, an die absoluten Lieblingsstücke – meistens waren es die Sachen, die von den Erziehungsberechtigten mit den Worten kommentiert wurden: „Was sollen die Leute von uns denken, wenn du so rumläufst?" – erinnert jeder von allein. Der Frieden war jedenfalls gestört, und der Rest war Schweigen – übrigens auch eine Form der Kommunikation.
Ich hatte das Glück, in einer liberaleren Familie aufzuwachsen, in der all das genehmigt wurde, was sich innerhalb eines relativ weitgesteckten Rahmens bewegte. Mein Vater hielt es mit Oscar Wilde, der einmal gesagt hatte: „Eine gut gebundene Krawatte ist der erste ernsthafte Schritt ins Leben." Und diese Krawatte mußte nach Ansicht meines alten Herrn früh genug gebunden werden.
An dieser Stelle fällt mir ein Gedicht von Robert Musil ein:

> Die vielbelächelten Torheiten der Mode …,
> die den Menschen ein Jahr lang verlängern
> und in einem anderen Jahr verkürzen,
> die ihn dick machen und dünn,
> die ihn bald oben breit und unten schmal,
> bald oben schmal und unten breit machen,
> die in einem Jahr alles an ihm empor
> und im nächsten Jahr alles wieder bergab kämmen,
> die seine Haare nach vorn und hinten, rechts und links streichen.

Gerade Altersgenossen, die in Ihrer Jugend alle Moden mitgemacht haben, neigen als etablierte Bürger dazu, diesen abzuschwören. Während also die Angehörigen dieser Gruppe Gefahr laufen, als Spießer verschrien zu werden oder als graue Mäuse in der Masse unterzugehen, besteht bei den gleichaltrigen Modefreaks das Pro-

blem, daß sie vor lauter Eifer, mit der Zeit mitzuhalten, vergessen, daß sie keine Teenager mehr sind, und damit riskieren, sich lächerlich zu machen.
Beides kann man gleichwohl ändern. Immerhin sind Sie gerade auf dem besten Weg, Ihre Figur wieder in einen Idealzustand zu versetzen, und da ist ein neues Outfit geradezu zwingend. Oder möchten Sie gern, daß Ihnen die Hosen in den Kniekehlen hängen, weil Sie abgenommen haben?
Auch in diesem Punkt können wir uns die Frauen wieder einmal zum Vorbild nehmen. Für sie ist es selbstverständlich, über ihre eigenen und – fast noch lieber – über die Kleider ihrer besten Freundinnen zu reden, und falls sie sich bezüglich ihres Stils und der entsprechenden Farben nicht sicher sind, suchen sie eine Farbberatung auf.
Daß es letztere Möglichkeit auch für uns Männer gibt, wissen die wenigsten.

Farbberatung

Natürlich ist jeder Mann einmalig und unverwechselbar, und doch lassen sie sich vier verschiedenen Typen zuordnen, die jeweils eine ganz besondere Affinität zu bestimmten Farben haben, die ihnen besser stehen als alle anderen. Das müssen allerdings nicht unbedingt die Lieblingsfarben sein.
Die Farbberatung stammt, wie kann es anders sein, aus Amerika, und von dort kommt auch die Idee, die Typisierung nach den vier Jahreszeiten vorzunehmen. Ausschlaggebend dafür ist der Umstand, daß in der Vielfarbigkeit von Frühjahr, Sommer, Herbst und Winter alle Nuancierungen enthalten sind. Das heißt selbstverständlich nicht, daß der Grau bevorzugende Mann nun unbedingt ein Winter-Typ und der „ewig Jugendliche" dem Frühling zuzuordnen ist – es kann auch genau das Gegenteil sein. Sie werden überrascht sein, wie Ihre Farben Sie verändern können. Lassen Sie sich beim

Einkaufen also nicht durch Ihre Begleitung oder die Verkäuferin beeinflussen – schließlich sind Sie es ja, der sich in den Sachen wohl fühlen soll, und nicht Ihre Freundin oder Frau. Entscheidend ist daher einzig ihr intuitives Farb- und Stilempfinden.
Wahrscheinlich wird es Ihnen nicht mehr schwer fallen, am Ende dieses Buches Ihren eigenen Farbtyp zu erkennen, denn schließlich haben Sie sich in der Zwischenzeit ja oft genug im Spiegel betrachtet. Sie wissen also, welche Haarfarbe Sie haben, wie Ihre Augen aussehen und welcher Nuancierung Ihr Teint ist.
Anhand der folgenden Kriterien (nach Jacksen/Lulow, Color for Men) können Sie nämlich feststellen, ob Sie ein Frühlings-, Sommer-, Herbst- oder Wintertyp sind.

Frühlingstypen

Haare: Goldblond
Augen: Hellblau
Teint: Pfirsichbeige

Haare: Dunkelblond
Augen: Dunkelblau
Teint: Goldbeige

Haare: Rötlich
Augen: Türkisblau
Teint: Pfirsich

Haare: Goldbraun
Augen: Blau
Teint: Pfirsichbeige

Haare: Rötlichblond
Augen: Türkis
Teint: Pfirsich

Haare: Rot
Augen: Grün
Teint: Pfirsich

Haare: Hellbraun
Augen: Blau
Teint: Pfirsich

Haare: Grau
Augen: Hellblau
Teint: Pfirsich bis Rötlich

Neutrale Farben für Anzüge, Mäntel und Hosen:
Marineblau, Mittelgrau, warmes Hellgrau, warmes Hellbeige, Schokoladen- und Goldbraun, Honiggold, Gold-Camel.

Helle Farben für Anzughemden:
Eierschale, Gelbbeige, helles Lachsrosa, warmes Pastellrosa, Stahlblau, helles Lapisblau.

Basisfarben für Sportmäntel, Hosen und Oberbekleidung:
Helles Marineblau, klares Goldgelb, helles Rost, helles Petrolblau.

Lebhafte Farben für den Freizeitbereich:
Lind-, Gelb- und Mintgrün, Kornblumenblau, Aquamarin, Lapisblau, Veilchenblau, Sonnengelb, Pfirsich, Lachs, kräftiges Rosa, Koralle, Flamingo, Hellorange, Orangerot, Klatschmohn.

Sommertypen

Haare: Aschblond
Augen: Blau
Teint: Rosa

Haare: Dunkelaschblond
Augen: Blau
Teint: Rosabeige

Haare: Hell
Augen: Graublau
Teint: Hellrosa

Haare: Aschbraun
Augen: Haselnußbraun
Teint: Beige

Haare: Dunkelbraun
Augen: Grün
Teint: Rosabeige

Haare: Blaugrau
Augen: Blau
Teint: Rosa

Neutrale Farben für Anzüge, Mäntel und Hosen:
Rauch-Marineblau, Taubenblau, helles Blaugrau, Graublau, Rosa- und Kakaobraun, Rosabeige.

Helle Farben für Anzughemden:
Wollweiß, helles Rosabraun, Puderblau, helles Lapisblau, Blaßgelb, Puderrosa, Rosé, Flieder.

Basisfarben für Sportmäntel, Hosen und Oberbekleidung:
Kadettenblau, Weinrot, Kirschrot, Tannengrün.

Lebhafte Farben für den Freizeitbereich:
Blasses Zitronengelb, Himmel-, Vergißmeinicht- und Lapisblau, Pastellaquamarin, Pastellgrün, mittleres bis dunkles Blaugrün, Wassermelone, Pastellrosa, Pink, Dunkelrosa, Orchidee, Malve, Himbeerrot, gedämpftes Lila, Pflaumenblau.

Herbsttypen

Haare: Rötlichblond
Augen: Grün
Teint: Pfirsich

Haare: Goldbraun
Augen: Petrolblau
Teint: Pfirsichbeige

Haare: Grauschwarz
Augen: Dunkelbraun
Teint: Hellgoldbraun

Haare: Dunkelbraun
Augen: Haselnußbraun
Teint: Pfirsich

Haare: Braun
Augen: Blaugrün
Teint: Pfirsichfarben

Haare: Rot
Augen: Olivgrün
Teint: Rötlich

Haare: Dunkelrotbraun
Augen: Goldbraun
Teint: Goldbeige

Neutrale Farben für Anzüge, Mäntel und Hosen:
Dunkel-, Schokoladen-, Kaffee- und Naturbraun, Camel, Marineblau, Oliv- und Graugrün.

Helle Farben für Anzughemden:
Cremeweiß, Sand, Gelbbeige, helles Apricot, helles Lapisblau, helles Graugrün.

Basisfarben für Sportmäntel, Hosen und Oberbekleidung:
Flaschengrün, Bronze, Rost, Mahagoni, Gold, Petrolblau.

Lebhafte Farben für den Freizeitbereich:
Maisgelb, Senf, Kürbis, Terrakotta, kräftiges Apricot, Lachs, Orange, Orange-, Zinnober- und Tomatenrot, Jade, Limone, Moos, Apfelgrün, Türkis, dunkles Lapisblau.

Wintertypen

Haare: Silbergrau
Augen: Graugrün
Teint: Rosabeige

Haare: Dunkelbraun
Augen: Braun
Teint: Oliv

Haare: Schwarzbraun
Augen: Haselnußbraun
Teint: Rosa

Haare: Dunkel
Augen: Leuchtendblau
Teint: Hell

Haare: Dunkelbraun
Augen: Grün
Teint: Graubeige

Haare: Dunkel
Augen: Schwarzbraun
Teint: Rosigbraun

Neutrale Farben für Anzüge, Mäntel und Hosen:
Marineblau, Schwarz, Graubeige, Anthrazit, Hell- und Mittelgrau.

Helle Farben für Anzughemden:
Weiß, Eisgrau, -blau, -gelb, -rosa, -grün, und -violett sowie Aquamarin.

Basisfarben für Sportmäntel, Hosen und Oberbekleidung:
Kräftiges Blau, Tannengrün, Weinrot, Dunkelrot.

Lebhafte Farben für den Freizeitbereich:
Dunkelviolett, Lila, Zyklam, Pink, Scharlachrot, Smaragd, Turmalin, Intensivgrün, Zitrone, Lagunen-, kräftiges Türkis- und Königsblau.

Nachdem Sie also herausgefunden haben, zu welcher Jahreszeit Sie gehören, und bevor Sie sich, angeregt durch die Lektüre dieses Buches, zur Erneuerung Ihrer Garderobe entschließen, sollten Sie Ihr Spiegelbild noch einmal genau studieren. Wie sieht Ihre Figur aus? Wie sind Sie proportioniert?
Sollte Ihre Figur etwaige Mängel wie eine zu hoch sitzende Taille, hängende Schultern, ein kräftiges Gesäß oder verschieden lange Beine aufweisen, ist das kein Problem – solange Sie angezogen sind. Schnitt und Stil der Kleidung können nämlich manche Unregelmäßigkeit unserer sonst ach so makellosen Körper leicht kaschieren. Kommen Sie jetzt aber bitte nicht auf die Idee, sich einfach ein paar weitere Hemden oder Pullover zu kaufen, um Ihr Embonpoint zu verdecken.
Wählen Sie Ihre Garderobe also wohlüberlegt und Ihren kleinen physischen Makeln gegenüber objektiv, Ihre Erscheinung wird davon profitieren.

Hier ein paar Tips:
Wenn Sie beispielsweise zu den Männern gehören, die eher wie Napoleon klein und untersetzt sind, sollten Sie zu Längsstreifen oder unifarbenen Einreihern beziehungsweise Doppelreihern mit eng gesetzten Knöpfen greifen. Kleinkariertes, Karos und Tweedmuster sind in diesem Fall weniger geeignet. Bezüglich Ihrer Freizeitkleidung sollten Sie sich jeweils auf eine Farbe konzentrieren, denn kontrastreiche Farben lassen Sie noch kleiner erscheinen. Tragen Sie Ihre Hosen so lang wie möglich und ohne Aufschläge. Und achten Sie darauf, daß Ihre Schuhe den Ton Ihrer Hosen treffen. Auch Schulterpolster und Abnäher können übrigens Wunder wirken.
Wenn Sie hingegen etwas weniger groß und breiter wirken möchten, sind Querstreifen angesagt. Eine andere Möglichkeit der optischen Verkürzung sind Hell-Dunkel-Kombinationen, und im Gegensatz zu den Kleinen können Sie bedenkenlos alle Arten von Karos, Tweed und Glencheck tragen. Ihre Hosen sollten nicht allzu lang sein und dürfen gerne den Blick auf Ihre Socken freigeben. Apropos Socken: Sie sollten farblich immer mit Hosen und Schuhen korrespondieren. Bei dem bereits erwähnten kräftigen Gesäß müssen Sie darauf

achten, daß Sie es unter längeren Pullovern oder Sakkos mit Rückenschlitzen verbergen. Der flache Po sollte indessen durch leicht taillierte Jacken mit Seitenschlitzen und tadellos sitzenden Hosen optisch aufgebessert werden.
Das Problem der kurzen Arme läßt sich ebenfalls zumindest optisch lösen, indem die Ärmel von Sakkos und Anzugjacken etwas länger getragen werden. Raglanärmel bei Pullovern wirken ebenfalls verlängernd. Bei langen Armen empfiehlt es sich, etwas mehr als die üblichen ein bis eineinhalb Zentimeter von der Hemdenmanschette sichtbar erscheinen zu lassen. Auch aufgesetzte Flicken auf den Ellenbogen von Jacken und Pullovern können verkürzend wirken. Im Bereich der Freizeitkleidung sind vor allem Sweatshirts und Pullover mit Querstreifen auf den Oberarmen bei Langarmigen optimal.
Einfarbige Sakkos und quergestreifte Pullover verhelfen Ihnen bei rundem Rücken oder stark abfallenden Schultern zu einer geraden Statur. Ein weiteres Hilfsmittel sind wattierte Einlagen bei Jacken und Pullover mit eingesetzten Ärmeln. Kantige Schulterpartien werden durch V-Ausschnitte und Raglanärmel gemildert.
Es gibt also eine ganze Menge Tricks, um kleine Makel zu überspielen. Aber wie gesagt, es handelt sich um Manipulationen. Natürlich werden Sie mit vierzig nicht mehr wachsen, höchstens in die Breite. Gleichwohl lassen sich die Probleme mit abfallenden Schultern, rundem Rücken und „Rettungsringen" um die Taille, wie wir bereits gelesen haben, auch auf andere Weise lösen.

Es gibt aber noch etwas, worauf Sie beim Zusammenstellen Ihrer Garderobe Wert legen sollten. Achten Sie darauf, daß Sie Ihre Neuerwerbungen mit bereits vorhandenen Kleidungsstücken kombinieren können. Das Geheimnis der erfolgreichen Kombination liegt in der Harmonie der Farben. Wenn Sie sich also in Zukunft anhand des Farbberatungssystems orientieren, kann Ihnen nichts mehr passieren. Allerdings sollten Sie bezüglich unterschiedlicher Muster vorsichtig sein, denn häufig stehen die Muster miteinander in Konkurrenz, was auf Kosten Ihrer Gesamterscheinung geht.
Hier noch ein ganz persönlicher Rat: Suchen Sie sich einen guten Herrenausstatter, dem Sie vertrauen, und werden Sie dort Stamm-

kunde. Schon bald wird man dort Ihren Stil und Ihre Vorlieben kennen und Sie auf die Ihnen entsprechenden Sachen aufmerksam machen. Im übrigen entscheiden Sie sich möglichst immer für die beste Qualität, und kaufen Sie sich lieber ein Stück weniger.

Ein paar Kleidungsstücke, die sogenannten Basics, sollte allerdings jeder Mann zu seiner Garderobe zählen. Wenn Ihnen meine Vorschläge wegen Ihres in eine völlig andere Richtung gehenden Geschmacks nicht gefallen, dann ignorieren Sie diese einfach.
Da haben wir zuerst einmal die Anzüge. Dazu gehören unbedingt ein anthrazitfarbener Flanellanzug, ein dunkelblauer und ein schwarzer Anzug für abendliche Veranstaltungen, die keinen Smoking erfordern. Natürlich sollten ein oder zwei Ihrem Typ entsprechende Sakkos auch nicht fehlen, wobei unter allen Umständen ein Blazer dabeisein sollte. Ob ein- oder zweireihig, in Dunkelblau wirkt er immer sportlich dynamisch. Kombinieren können Sie den Blazer mit Jeans – wirkt eher jugendlich, mit einer grauen Flanellhose – also klassisch, mit einer Black-watch – zeugt von Stil, oder zur hellen Hose – sommerlich heiter.
So vielseitig wie seine Verwendbarkeit ist auch seine Geschichte: In der zweiten Hälfte des letzten Jahrhunderts präsentierte sich der Blazer als farbenfroher, meist gestreifter Jackentyp vor allem in den ersten Kreisen britischer Sportclubs. Auf der Brusttasche natürlich mit dem jeweiligen Clubemblem versehen. Später verdunkelte sich die Farbe zu Marineblau mit Goldknöpfen, auf denen ebenfalls das Clubemblem zu sehen war. Der Name stammt übrigens von „to blaze" oder „blazon" ab. Ersteres heißt soviel wie schmücken, ausposaunen und letzteres Wappen, Emblem. Nebenbei bemerkt, Blazer und Jeans gehören zu meinen absoluten Favoriten und hängen in allen möglichen Schattierungen immer griffbereit bei mir im Kleiderschrank.
Neben Jeans brauchen wir also auch eine Flanellhose und eine Black-watch, damit ist Originalschottenmuster in blau-grüner Farbstellung gemeint, sowie ein paar Hosen in Ihren persönlichen Farben. Ein anderes, ebenso vielseitiges Kleidungsstück ist die Weste, auch Gilet genannt. Gegen Ende der achtziger Jahre erlebte die Weste als

Element modischer Outfits eine wahre Renaissance. Was in den vergangenen Jahrhunderten Spielwiese männlicher Putzsucht war, verkümmerte im Laufe unseres Jahrhunderts zum unbedeutenden Bestandteil grauer oder blauer Anzüge, bis sie nach dem Krieg vorübergehend der Textilknappheit zum Opfer fiel. Erst die Hippies der sechziger Jahre brachten durch Folklorewesten und selbstgestrickte respektive gehäkelte Exemplare wieder Leben in die Bewegung. Die heutige Mode stattet die Westen wieder mit Motiven längst vergangener Tage aus: Paisley, Blümchen und angeblich pornographischen Abbildungen – aber die tragen Sie bitte nur unter der Jacke. Ansonsten können Sie Westen mit allem kombinieren.
Je nach Muster tragen Sie unter der Weste am besten ein unifarbenes Hemd in entsprechender Farbe. Sollten Sie zu den Männern gehören, die nur selten eine Krawatte oder Fliege tragen, empfehle ich Ihnen Hemden mit Button-down-Kragen. Sie sehen immer gepflegt und in Form aus. Selbstverständlich können aber auch Krawattenträger Button-down-Hemden tragen. In Ihrem Fall sehen aber auch die sogenannten Tab-Kragen mit einem kleinen Verbindungssteg zwischen den Kragenspitzen sehr gut aus.
Und dabei sind wir schon beim letzten Punkt unseres Einkaufsbummels: Die Krawatte – nach wie vor das einzige Bekleidungsstück, bei dem jeder Mann hin und wieder Mut beweist. Ein „must“ sind dabei Streifen, Paisley und Tupfer.
Den Langbinder, so wie wir ihn heute noch kennen, gibt es in dieser Form seit rund einhundert Jahren. Während Schleife, Schal und Tuch zu allen Zeiten von Männern und Frauen gleichermaßen getragen wurden, ist der feine Knoten, von wenigen Ausnahmen abgesehen, ein wahrhaft männliches Accessoire. Wichtig ist nur der tadellose Sitz der Krawatte.

Fazit: In unserer pluralistischen Gesellschaft spielen Kleidung und das Äußere für die Selbstdarstellung eine zentrale Rolle. Ständig ist man gezwungen, mit Fremden zu interagieren, und kommt dabei nicht ohne die bereits erwähnten Kommunikationssignale – sprich unsere Kleidung – aus.

Bereits Kaiser Justinian erkannte schon vor fast 1500 Jahren sehr richtig: „Am Kleide erkennt man den Mann“ – wie wahr –, und ein deutsches Sprichwort besagt: „Man empfängt den Mann nach dem Kleide und entläßt ihn nach dem Verstand“. Also, worauf warten Sie noch?

Statt eines Nachworts – noch ein Wort zur Entspannung

Die Kunst sich zu entspannen setzt einen ebensolchen Lernprozeß voraus, wie die in den vorhergehenden Kapiteln beschriebenen. Wer mitten im Leben steht, eine verantwortungsvolle Position bekleidet und für eine Familie sorgen muß, hat heutzutage leider viel zu wenig Zeit, um in der, meist kargen, Freizeit richtig abzuschalten. Denn wer mental gestreßt ist, dem fällt es bekanntlich schwer, sich zu entspannen.

Gönnen Sie Ihrem Kopf also hin und wieder etwas Ruhe, damit Sie nach einer Phase der Entspannung ihre Lebenssituation, ihre Wünsche, Ziele und Träume reflektieren können, denn auch das gehört zu unserem Training dazu.

Die folgenden fünfzehn Tips sollen Ihnen dabei helfen:

1. Vergessen Sie die Zeit. Nehmen Sie am Freitag nach Büroschluß einfach Ihre Armbanduhr ab und leben Sie am Wochenende ohne Uhr. Sie werden sich wesentlich entspannter fühlen, wenn Sie zwei Tage lang statt der Uhr einfach nur dem Rhythmus Ihres Körpers folgen.

2. Machen Sie eine Musiktherapie, indem Sie Ihre Lieblings-CD oder Schallplatte auflegen (Instrumentalmusik eignet sich am besten) und sich ein bequemes Plätzchen suchen. Dann schließen Sie die Augen und geben sich dem Rhythmus der Musik hin.

3. Versuchen Sie, spontan zu sein. Gehen Sie bis zum Morgengrauen zum Tanzen, tollen Sie mit einem Hund herum, verbringen Sie eine Nacht mit Ihrer Partnerin im Hotel. Dadurch tun sich neue Perspektiven vor Ihnen auf, und Sie werden sehen, daß die Welt nicht untergeht, weil Sie einmal etwas Verrücktes tun.
4. Gönnen Sie sich öfters mal eine Pause. Selbst wenn Sie unter Zeitdruck stehen, sollten Sie sich stündlich fünf Minuten Ihren Tagträumen hingeben. Wem nicht nach Träumen ist, der kann auch einfach aus dem Fenster schauen.
5. Sagen Sie einfach mal „Nein". Es heißt zwar, nur Frauen könnten nie „Nein" sagen, aber wir alle wissen, daß es auch uns Männern oft schwerfällt. Vor allem, wenn es sich um berufliche Dinge dreht. Lehnen Sie also ruhig einmal einen Auftrag oder eine Bitte ab, wenn Sie sich nicht danach fühlen.
6. Machen Sie zwischendurch mal etwas ganz anderes – vor allem, wenn Sie vorwiegend mit dem Kopf arbeiten. Eine geistige Tätigkeit kann emotionale Reserven erschöpfen. Darum sollten Sie sich ab und zu körperlich betätigen oder etwas völlig „Geistloses" tun, wie beispielsweise ein heißes Bad nehmen, meditieren oder einfach durch den Park laufen.
7. Trainieren Sie Ihre Reaktionsfähigkeit, damit Sie in Streßsituationen oder unter Zeitdruck nicht den Kopf verlieren. Mentales Training hilft Ihnen dabei, in Extremfällen genau das Richtige zu tun.
8. Setzen Sie sich mit sich selbst auseinander. Der regelmäßige innere Dialog hilft Ihnen, sich besser unter Kontrolle zu halten.
9. Versuchen Sie nach Möglichkeit, auf einen anstrengenden Tag einen etwas ruhigeren folgen zu lassen.
10. Straffen Sie Ihren Terminkalender. Wenn Sie an einem Tag fünfzehn Termine, aber nur Zeit für zehn haben, verschieben Sie die verbliebenen fünf auf einen anderen Tag.
11. Versuchen Sie herauszufinden, welcher Druck Sie besonders belastet: Beispielsweise pünktlich am Flugplatz zu sein oder schnell auf Memos reagieren zu müssen? Sie können sich nur vom Zeitdruck befreien, wenn Sie ihn erkennen.
12. Setzen Sie sich realistische Ziele. Wenn Sie versuchen, alles gleichzeitig zu erledigen, ist die Enttäuschung vorprogrammiert.

Schlagen Sie daher ein vernünftiges Tempo an – vor allem, wenn Sie unter Druck stehen.

13. Halten Sie Mittagsschlaf – wenn Sie können. Oder gehen Sie mal früher ins Bett.

14. Beginnen Sie schon auf dem Heimweg von der Arbeit damit, sich zu entspannen. Schalten Sie Ihre Gedanken von Beruf auf Privatleben, und stellen Sie sich vor, Sie würden auf einem Sofa sitzen, sich erholen und spüren, wie die Anspannungen des Tages von Ihnen abgleiten.

15. Wechseln Sie die Kleidung, sobald Sie nach Hause kommen. Ziehen Sie sich etwas Bequemes an, und genießen Sie ein Glas Wein bei sanfter Musik.

Sie müssen zugeben, mit diesen Tips habe ich Sie jetzt überrascht, oder? Aber Sie haben es sich verdient.
Allerdings sollten Sie sich natürlich nicht nur auf diese letzten fünfzehn Punkte konzentrieren.